나도 정약전처럼
관찰 일기 쓸래요!

**나도 정약전처럼
관찰 일기 쓸래요!**

1쇄 인쇄 2023년 7월 28일
1쇄 발행 2023년 8월 11일

지은이 조민희
그린이 강영지
펴낸이 이학수
펴낸곳 키큰도토리
편 집 오세경
디자인 박정화

출판등록 제395-2012-000219호
주소 10543 경기도 고양시 덕양구 청초로 66, B-617호
전화 070-4233-0552
팩스 0505-370-0552

전자우편 kkdotory@daum.net
블로그 blog.naver.com/gallant1975
페이스북 facebook.com/kkdotory
인스타그램 instagram.com/kkdotory

* 책값은 뒤표지에 있습니다.
* 잘못된 책은 구입처에서 교환하여 드립니다.
* 이 책은 저작권자와 계약에 따라 발행한 것이므로 본사의 허락 없이는
  어떠한 형태나 수단으로도 이 책의 내용을 이용하지 못합니다.

ⓒ 조민희·강영지, 2023
ISBN 979-11-92762-12-8 74800
       978-89-98973-83-4 (세트)

어린이제품안전특별법에 의해 제품표시	
제조자명 키큰도토리	**전화번호** 070-4233-0552
제조국명 대한민국	**주소** 경기도 고양시 덕양구 청초로 66, B-617호
사용연령 만 9세 이상 어린이 제품	

작가의 말

오늘 여러분이 펼친 이 책은 관찰 일기에 대한 내용으로 가득 차 있습니다. 그런데 관찰이란 도대체 무엇일까요?

정확하게 표현할 자신이 없으니 사전의 도움을 받아 보겠습니다. 표준국어대사전에 따르면, "사물이나 현상을 주의하여 잘 살펴보다"라고 되어 있습니다.

그래요, 관찰이란 무언가를 '잘' 살펴보는 것입니다. 사실 우리는 아침에 눈을 뜨는 순간부터 쉼 없이 무언가를 살펴봅니다. 아침밥을 먹기 전에 식탁의 반찬을 살펴보고, 외출하기 전 날씨를 알아보려고 하늘을 봅니다. 학교에서 친구를 만나면 친구의 얼굴을 살펴서 어떤 기분인지 추측하기도 합니다.

저는 이렇게 무언가를 살펴보다가 좀 더 자세히, 좀 더 오래, 좀 더 깊이 살펴보아야겠다고 생각하면 기록을 합니다. 처음 살펴보기 시작한 날짜, 시간이 지나면서 변화되는 모습, 시간을 두고 관찰하면서 어떤 생각이 들고, 무엇을 알게 되었는지를 끄적끄적 쓰는 것이지요. 이것이 바로 '관찰 일기'입니다.

여기 정약전이라는 옛 선조가 있습니다. 정약전은 관찰의 고수로, 섬에서 생활하면서 그곳에서 보고 들은 것들로 관찰 기록 책인 〈자산어보〉를 썼습니다.

여러분도 집에서, 학교에서, 친구들과 노는 곳 어디에서든 눈을 사로잡는 '무엇'을 찾아서 정약전만큼 열심히 관찰해 보세요. 어쩌면 여러분이 남긴 관찰 일기가 뒷날 사람들에게 소중한 관찰 자료가 될 지도 모르니까요.

차례

- 프롤로그 · 10

정약전을 만나다
- 평화로운 시절 · 16
- 탐구하고 또 탐구한 형제 · 22
- 새로운 학문, 천주교 · 27
- 탄탄대로 벼슬길 · 31
- 불행의 먹구름 · 36
- 헤어짐과 새로운 미래 · 40
- 흑산도에서의 삶 · 45
- 최고의 조수 · 51
- 〈자산어보〉의 탄생 · 55
- 끝내 이루지 못한 바람 · 62

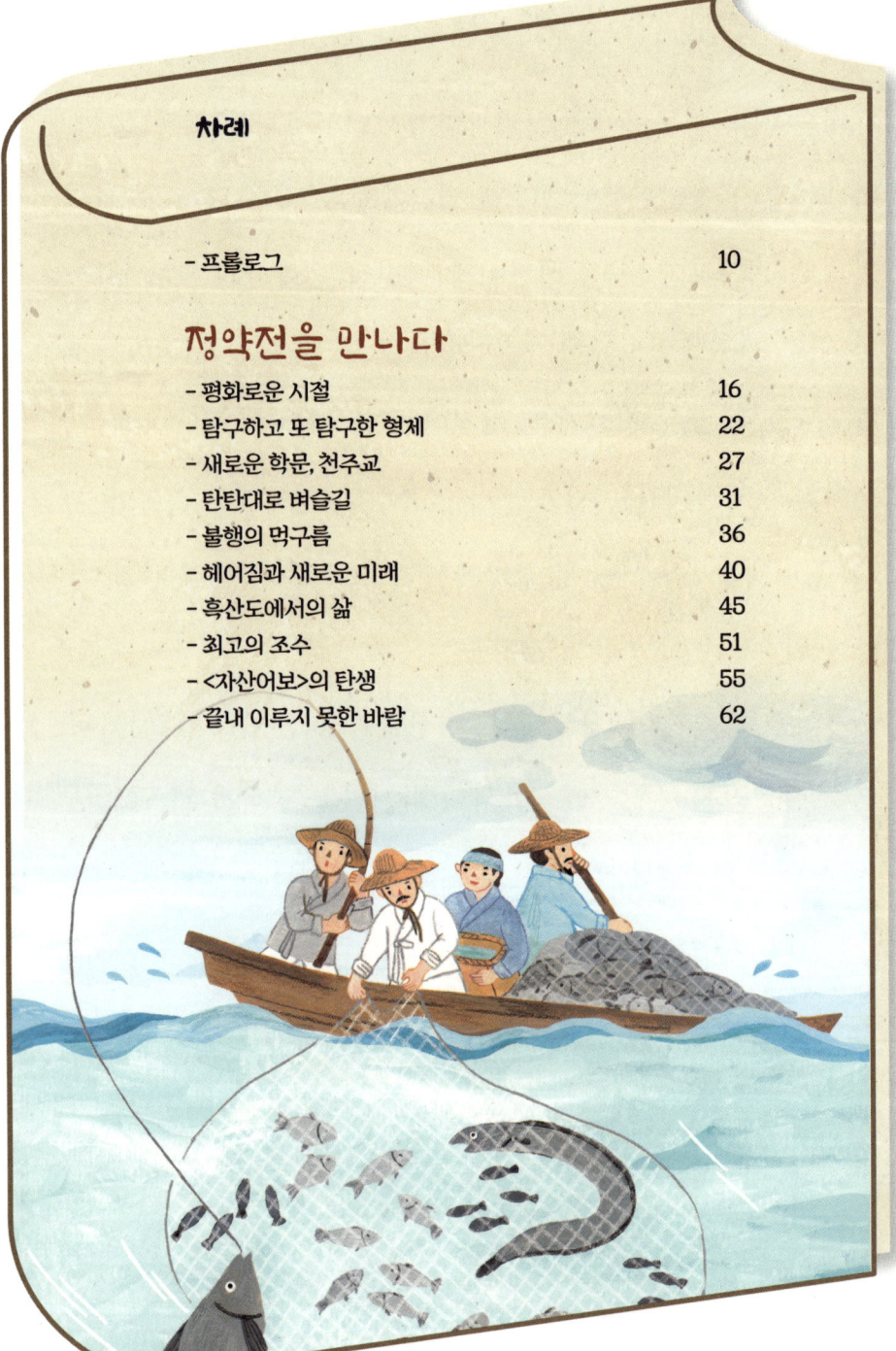

관찰 일기, 이렇게 써 봐

- 일기, 왜 써야 할까?   70
- 관찰 일기가 뭐야?   75
- 무엇을 관찰할까?   80
- 관찰하고 또 관찰하라고?   86
- 어떻게 관찰해?   91
- 관찰한 대로 써 볼까?   97
- 상상력은 넣어 둬   104
- 자료를 찾아볼까?   110
- 시간이 걸려도 괜찮아   115

내가 직접 쓰는 관찰 일기

- 주위에서 관찰 대상을 찾자   122
- 그림이나 사진을 이용해 보자   124
- 변화를 놓치지 말자   126
- 메모를 이용하자   128

프롤로그

안녕? 만나서 반가워! 나는 아주 옛날에 쓰인 책인데 〈자산어보〉라고 해. 어떤 사람은 〈현산어보〉라고도 하지.

하하하, 내 이름을 듣는 순간 네 눈이 엄청나게 동그래졌어. 내 이름을 처음 들어 본 모양이구나? 책 이름 같지 않고 이상한 주문처럼 들리지?

사실 나를 어떻게 소개해야 할지 고민이 많았어. 아마 내 이름도, 나를 쓴 사람의 이름도 처음 들어 봤을 테니 말이야.

혹시……, '정약전'이라는 이름은 들어 봤니? 흠, 역시 또 눈이 동그래지는구나.

좋아! 그럼 일단 내가 누군지 얘기해 줄게. 나는 흑산도라는 섬과 서해안에서 볼 수 있는 바다 생물을 관찰하고 기록한 책이야. 말하자면 수산 자원을 두루 담은 관찰 기록물이라고 할 수 있지.

나는 1814년 세상에 태어났어. 정약전이라는 분이 나를 만들어 주셨지. 정약전은 억울한 일을 당해 고향에서 멀리 떨어진 흑산도에서 유배 생활을 했는데, 그때 섬에서 나는 수많은 물고기와 조개, 해초 등을 보고 이렇게 결심했대.

"이런 소중한 수산 자원을 나 같은 사람이 하나라도 더 꼼꼼하게 기록해 널리 알려야 한다."

그래, 정약전은 조선의 유학자이자 실생활에 유익한 학문을 사랑하는 과학자였어. 흑산도에는 정약전이 처음 보는 신기한 수산물이 한가득이었고, 정약전은 새로운 것을 볼 때마다 관찰하고 기록하기를 멈추지 않았어.

나는 그렇게 태어난 책이야. 지금 내 책장 사이사이 속에는 155종의 동식물에 대한 정보가 담겨 있어. 엄청난 수지?

정약전은 관찰한 사실 그대로 기록했고, 여기에 더해 자신이 찾을 수 있는 정보까지 함께 적어 놓았어. 그래서 〈자산어보〉는 오늘날까지 수산 자원을 연구하는 사람들에게 많은 참고가 되고 있다고 해.

나 〈자산어보〉는 관찰 전문가이자 기록 전문가인 정약전의 뜻을 이어서 너에게도 관찰 일기를 쓱쓱 쓸 수 있는 힘을 길러 줄 거야. 언젠가는 네가 쓴 관찰 일기를 보고 사람들이 연구 자료로 쓸지도 모르잖아?

그럼 나만 믿고 관찰 일기의 세계로 들어가 볼까? 용기를 내서 다음 장을 펼쳐 보자! 얍!

정약전을 만나다

관찰 일기에 도전하고 싶니? 그럼 끈기 있게 관찰하고 기록한 것으로 유명한 학자 정약전에 대해 먼저 알아보는 게 좋을 것 같아. 지금부터 정약전은 어떤 사람인지 또 <자산어보>가 이 세상에 태어나기까지의 과정은 어땠는지 같이 알아볼까?

평화로운 시절

저기 정씨 집안의 형제들이 낚싯대와 어망을 들고 강가로 가고 있는 모습이 보여. 다들 한껏 신이 난 것 같으니, 살짝 따라가 볼까?

"약전아, 작은 배도 빌렸으니 오늘은 물고기를 잔뜩 잡을 수 있겠어."

"그러게요. 형님이 좋아하는 어망 낚시도 마음껏 하실 수 있겠어요."

둘째 약전은 큰형인 약현이 어망을 만지작거리는 걸 보고 웃으며 말했어. 노를 젓는 셋째 약종 곁에서 막내 약용이 열심히 물속을 들여다보았지.

"약용아, 뭐가 좀 보이니?"

약전이 호기심에 목을 빼며 묻자, 약용이 빙그레 웃으며 대답했어.

"형님, 오늘도 물고기가 참 많아요."

동생의 말에 약전도 배의 가장자리에 기대앉아 물속을 들여다보았지. 정말 물고기들이 헤엄쳐 다니는 게 보였어. 형제들의 머릿속에는 벌써부터 노릇노릇한 생선 구이가 떠올랐어.

"오늘 저녁은 물고기 반찬이다!"

누구라고 할 것 없이 정씨 형제들은 신이 나서 소리쳤지.

정씨 형제들이 한껏 고기잡이를 하고 있는 이곳은 북한강과 남한강이 합쳐지는 두물머리 근처, 마재라는 땅이야. 정약전 형제는 이곳에서 어린 시절을 보내며 자연스럽게 강과 물고기를 가까이하게 되었지.

비록 큰형인 약현은 다른 형제들과 어머니가 달랐지만, 형제들은 누구도 그런 것을 신경 쓰지 않았어. 약현은 마치 아버지나 어머니처럼 동생들을 생각하며 자상하게 챙겨 주었거든. 그

래서인지 약전, 약종, 약용도 약현을 잘 따랐어.

　배가 살짝 기우뚱거리자 형제들은 저마다 배 위에 철퍼덕 앉았어.

　약전은 벌렁 누워 하늘을 바라보았지. 그러자 약용도 그 옆에 누웠어. 약종은 천천히 노를 저었어.

　약현은 가만히 그런 동생들을 바라보았어.

　'이런 시절이 언제까지나 이어지지는 않겠지.'

　약현은 가만히 한숨을 쉬었지. 형의 마음을 느꼈는지, 약전이 불쑥 말을 꺼냈어.

　"약용아, 과거 시험은 꼭 봐야 하는 걸까?"

　약전의 질문에 약용이 눈을 동그랗게 뜨고 말했어.

　"그럼요, 임금님을 가까이에서 모시고 책에서 배운 것을 펼치려면 과거 시험을 보고, 벼슬을 해야지요."

열 살 이전부터 지은 시가, 시집을 낼 정도로 많은 약용의 대답에는 똑똑한 천재의 분위기가 물씬 묻어 있었어. 약전은 그런 동생에게 가만히 웃어 보였지만, 사실 벼슬자리에는 큰 뜻이 없었어. 벼슬이라는 것은 생각만 해도 따분했거든.

어려서부터 성격이 얽매이지 않으려 했고, 커서는 아직 길 들여지지 않은 사나운 말과도 같았다.

약용이 형인 약전에 대해 했던 말이야. 약전은 출세에는 관

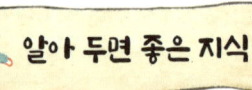

조선 시대 후기에 실생활에 도움이 되는 학문, 즉 '실학'을 배우자는 움직임이 일어났다. 실학은 17세기부터 18세기에 걸쳐 발달하였는데, 특히 청나라에서 들여온 서양 학문의 영향을 많이 받았다. 실학을 배우는 사람들을 실학자라고 하는데, 정약전, 정약용은 대표적인 실학자였다.

심이 없었어. 그저 청나라에서 들어온 서양 학문이나 과학 기술에만 흥미가 있었지. 과거 시험을 위한 학문은 그저 따분할 뿐이었어.

셋째 약종은 그런 형제들의 대화를 들으며 말없이 노만 저었어. 약종도 과거나 출세에는 큰 관심이 없었어. 약종은 자신의 꿈이 더 높고 먼 곳에 있다는 듯 멀리 하늘만 바라보았지.

정씨 형제들을 태운 배는 오늘도 평화롭게 앞으로 나아갔어. 물고기들이 더 많은 곳으로 말이야.

탐구하고 또 탐구한 형제

약전은 어느새 스무 살 청년이 되었어. 과거 시험은 치렀냐고? 물론 출세에 뜻이 없었기 때문에 과거 시험은 보지 않았어. 대신 화순 현감 자리에 오른 아버지를 따라 전라도로 가게 되었지. 동생 약용도 함께 말이야. 이때가 1778년, 정조가 임금이 되어 조선을 다스릴 때였어.

여러 형제 중에서 약전과 약용은 특히 우애가 깊었어.

약전은 호기심이 많고 어떤 학문이든 스펀지처럼 흡수했어. 꽉 막히고 딱딱한 유학에서 벗어나 유학자들이 천시하던 기술 관련 학문이나 천문학에도 관심을 두었지. 나뭇조각을 이어서 지구의를 만들기도 하고, 혜성이 출현할 때마다 재앙이 닥치는 것이라고 사람들이 벌벌 떨 때, 그것을 단순한 자연 현상이라고 이해하기도 했어. 또 궁금한 것이 생기면 이해할 때까지 실험을 하고 또 할 정도로 치밀했지.

아는 것도 많고 기발한 생각도 많이 하던 약전을 가장 잘 이해하는 사람은 약용이었어. 어릴 때부터 영특한 신동이었던 약용은 형과는 달리 네 살 때 천자문을 외울 만큼 유학이라는 학문에 흥미가 깊었어. 그러면서도 자신이 생각하는 문제가 답이 보이지 않는다 싶으면 형인 약전에게 달려가 함께 고민하며 답을 구했지.

알아 두면 좋은 지식

정약용은 정약전의 동생이자, 임금인 정조를 도와 수원 화성을 지은 학자로 유명하다. 백성들의 삶에 필요한 물건을 발명하기 위해 노력했으며, 이런 점에서 정조와 뜻이 맞아 총애를 한 몸에 받았다. 정약용은 여러 방면에 재능이 있었기 때문에 정조가 생각하는 정치적인 개혁부터 건축 분야 일까지 잘 이루어지도록 도울 수 있었다. 또한 무려 500여 권의 책을 남기기도 했다.

이렇게 사이가 좋고 학문에 관심도 깊은 두 형제가 화순에서 무얼 했을까? 두 사람이 화순에 머물던 때 동림사라는 절에 가서 한 대화를 살짝 들어 보자.

"형님, 아무런 즐거움도 없는 절에서 스님들이 스님 노릇을 할 수 있는 이유를 지금 알았습니다."

동생의 말에 약전의 눈이 반짝 빛났어. 기발한 생각에 대해 이야기하는 것은 늘 즐거웠거든.

"오, 그래? 그것이 무엇이냐?"

"부모와 형제, 아내와 자식을 보는 즐거움이 없고, 술을 마시고 고기를 먹고 아름다운 여인을 보는 즐거움도 없는데, 저 스님들은 왜 고통스럽게 스님 노릇을 하는 걸까요? 그것은 사실 그런 즐거움과 바꿀 만한 엄청난 즐거움이 있기 때문입니다."

"옳지, 그것이 어떤 즐거움이냐?"

"형님, 우리 형제가 학문을 한 지 이미 여러 해 되었지만, 지금까지 이곳 동림사에서 맛본 것 같은 즐거움이 또 있었습니까?"

약용의 말에 약전이 호탕하게 웃었어.

"하하하, 그래. 네 말이 맞다. 사람이 살면서 느끼는 가장 큰 즐거움은 공부를 하는 것이지. 우리가 동림사에 머물며 함께 머리를 맞대어 공부하고 학문을 깊이 하니, 가장 큰 즐거움을 얻고 있구나!"

두 사람의 웃음소리가 점점 더 커졌어.

두 형제가 화순에서 무얼 했는지 이제 알겠니? 그래, 두 사람은 동림사에서 끊임없이 독서를 하며 공부했던 거야.

공부하다가 졸리면 얼음물로 세수를 하고, 서로에게 묻고 답하고 토론하느라 밤을 새우기도 했어. 그러면서 자연스럽게 깨달음을 얻었다고 해. 유학의 교과서라고 보아도 좋을 〈맹자〉를 읽으며 이전 사람들의 해석을 비판

하기도 하면서 학문의 즐거움이 점점 더 깊어 갔던 거지. 무려 40여 일 동안 말이야. 약전과 약용은 이처럼 어린 시절부터 함께 공부하고 학문에 대해 논의하는 일이 많았어.

알아 두면 좋은 지식

유학은 중국에서 '공자'라는 학자로부터 출발한 학문이다. 우리나라에는 중국 문자인 '한자'와 함께 삼국 시대 이전부터 전해졌으며, 교육 기관에서 유학을 가르칠 정도로 사회·경제·문화에 큰 영향을 끼쳤다. 특히 조선 시대에는 유학을 적극적으로 받아들여 정치 이념으로 삼기도 했다.

새로운 학문, 천주교

약전은 따뜻해진 봄기운을 느끼며 책을 읽고 있었어. 동생 약용에게서 빌린 책이었지.

약용은 진사가 된 뒤에 성균관 유생으로 들어갔는데, 매 시험마다 높은 점수를 받더니 임금인 정조의 눈에 들었다고 했어. 시험 점수가 하도 높아서 정조가 책과 종이, 붓을 약용에게 상으로 주었을 정도였지. 약전이 빌려서 보고 있는 책이 바로 약용이 상으로 받은 그 책이었어.

한참 책을 읽다 보니 문득 동생이 떠올라 약전은 피식 웃었어.

'임금을 섬기려면 벼슬길에 올라야 한다고 하더니, 그토록

바라던 임금 곁에서 공부도 하고 원 없이 책도 구해 읽을 수 있어서 참 다행이야.'

물론 약용이 아직 정식으로 벼슬길에 오른 것은 아니었지만, 약전은 동생이 기특했어. 그러다 보니 자신에게도 관직에 나아가야 한다고 재촉하던 약용의 말이 다시금 떠올랐지. 자신처럼 임금을 가까이에서 모시려면 벼슬을 해야 한다는 말이었어.

약전은 고개를 저으며 책을 고쳐 잡았어.

'큰 뜻은 약용이가 펼치면 그만이야. 관리가 된다는 건 생각만 해도 답답하니 벼슬은 못할 노릇이지. 그나저나 이제 제사도 끝났으니 슬슬 서울로 가야겠지?'

그래, 약전이 한가로이 책을 읽고 있는 이곳은 어린 시절을 보낸 고향 집이야. 약전과 약용, 두 형제가 아버지를 따라 서울로 간 뒤에도 큰형 약현은 고향에 남아 고향 집을 지켰지. 마침 고향 집에 제사가 있어서 약전은 약용과 함께 고향에 내려왔다가 제사가 끝난 참에 잠시 책을 읽던 중이었어.

"형님, 이제 가시죠."

약용이 부르는 소리에 약전은 퍼뜩 정신을 차렸어. 부랴부랴

짐을 챙기고 자리에서 일어섰지.

약용 곁에는 큰형 약현의 처남인 이벽도 함께 서 있었어.

"서울로 함께 올라가는 길에 서로 배움을 나누면 지루하지 않겠군요."

이벽은 약전보다 서너 살이 더 많았지만, 마치 오래 보아 온 친구처럼 편하게 대해 주었어. 그 덕에 약전도, 약용도 서울로 올라가는 내내 즐거웠지.

특히 이벽이 들려주는 천주교 이야기는 새롭고 놀라웠어. 이벽은 천주교 신자였는데, 당시 조선에서 천주교는 종교라기 보다 학문으로 여겨졌기 때문에 많은 유학자들이 호기심을 갖고 연구했어.

학문에 대한 호기심 대장인 약전도 당연히 천주교에 관심을 갖게 되었지. 약전과 약용은 서울에 도착하자마자 곧장 이벽의 집으로 가서 천주교에 관한 책들을 빌렸어.

읽으면 읽을수록, 또 알면 알수록 약전은 천주교가 합리적이고 실용적인 학문이라는 생각이 들었어.

"이토록 새로운 방법으로 백성들을 돌보는 학문이라니. 참으로 대단하지 않은가!"

약전과 약용은 천주교에 깊이 빠져들었지.

천주교는 두 사람이 태어날 때부터 지켜 온 전통과는 맞지 않는 부분이 많았어. 오래지 않아 약전도, 약용도 그 사실을 깨닫게 되었지.

"약용아, 천주교에는 배울 점이 많지만, 우리네 사정과 맞지 않는 부분이 더 크구나."

"예, 형님. 제 생각도 그렇습니다."

약전과 약용은 입맛이 쓴 듯 동시에 혀를 찼어. 그렇게 두 사람은 천주교와 거리를 두게 되었지.

하지만 두 사람의 결심과는 달리 천주교는 두 사람의 발을 옭아매는 족쇄가 되고 말았어.

탄탄대로 벼슬길

약전이 동생 약용과 봉은사라는 절에 머물며 함께 공부를 하던 때의 일이야. 가을바람이 불던 날, 약용이 이런 시를 지었어.

아름다운 아가위 꽃이 집 안팎으로 서로 비쳐

너그럽게 대하고 격려도 하니

가슴속에 정성이 일어나는구나.

아가위 꽃이 뭘까? 아가위 꽃은 〈시경〉이라는 책에 있는 말이야. 〈시경〉은 중국에서 쓰인 매우 오래된 시집인데, 이 시집에서 아가위 꽃은 우애 있는 형제를 뜻하는 말로 쓰였어. 약용은 자신과 형 약전을 아가위 꽃에 빗대 시를 쓴 거야. 형과 함께 학문을 닦는 그 순간을 얼마나 좋아했는지 느껴지지?

그런 약용이 보기에 약전처럼 학문이 넓고 깊은 사람이 임금 곁에서 일하지 않는다는 것은 말도 안 되는 일이었어.

"형님, 과거 시험을 보시고, 벼슬을 하셔야 합니다."

"글쎄, 난 딱히 출세에 뜻이 없구나."

"벼슬은 출세가 아닙니다. 학문을 하는 사람으로서 임금 곁에 나아가지 못하면 그 학문은 반쪽짜리일 뿐입니다. 그리고 과거 시험에 급제하셔야만 임금을 섬길 수 있습니다."

동생의 한결같은 성화에 약전도 결국 마음이 돌아섰어. 몇 년 동안 약용이 계속 설득했으니 마음이 돌아설 만도 하겠지?

약전은 마음을 다잡고 공부하기 시작했어. 과거 시험에 합격하기 위해서였지. 1790년, 약전은 드디어 과거 시험에 합격했어.

"형님! 해내셨군요!"

"허허, 그래. 다 아우 덕분이야."

두 팔을 번쩍 들며 좋아서 헤벌쭉거리는 약용의 얼굴을 보며 약전은 머쓱하게 웃었어. 약용도 이미 벼슬길에 올라 정조의 총애를 받고 있는 상황이어서 형제의 기쁨은 두 배였지.

한번 벼슬길에 오른 약전의 앞날은 탄탄대로처럼 보였어. 정조도 약전의 인물됨과 학문의 깊이를 알아보고, 가까이 두고 여러 일을 시켰지.

약전을 두고 정조는 이렇게 말을 했다고 해.

"정약전의 재주와 슬기가 뛰어나니 정약용의 아름다운 자태보다 낫구나."

이렇게 약전은 동생 약용과 벼슬길에 나아가 승승장구했어. 하지만 역시 관직 생활은 많이 답답했지.

약전은 고향으로 내려가 다른 형제들과 배를 타고 나가서 물고기를 잡기도 했어. 약용이 남긴 기록을 보여 줄게. 이 기록을 보면 약전의 형제들이 얼마나 사이가 좋고 고향을 좋아하는지 잘 알 수 있을 거야.

강에 그물을 쳐서 고기를 잡았다. 크고 작은 고기가 모두 50여 마리나 되어 우리가 탄 작은 배가 무게를 감당하지 못해서 물 위에 뜬 부분이 겨우 몇십 센티미터에 불과했다. 배에서 내려 즐겁게 한바탕 배불리 먹었다. …길을 가면서 한편으로 새소리를 듣고 서로 돌아보며 매우 즐거워하였다. 절에 도착한 뒤에는 술 한 잔에 시 한 수를 읊으면서 날을 보내곤 하다가 3일이 지나서야 돌아왔다. 이때에 지은 시가 모두 20여 수나 되었고, 먹은 산나물도 냉이, 고사리, 두릅 등 모두 56가지나 되었다.

이때가 1797년, 약전의 나이 마흔이 되어 갈 때였어. 벼슬살이가 늘 좋기만 한 것은 아니었던 약전에게 고향과 형제들이 얼마나 큰 위로와 행복이 됐는지 짐작할 수 있겠지?

불행의 먹구름

　탄탄하기만 할 것 같았던 약전의 앞날에 먹구름이 끼기 시작했어. 약전과 약용을 사랑해서 가까이 두었던 임금, 정조가 세상을 떠난 거야.
　약전은 하늘이 무너져 내리는 듯했어. 자신의 새로운 생각을 항상 지지해 주던 총명한 임금이 사라지다니, 약전은 더 이상 무엇을 어찌해야 좋을지 알 수 없게 된 거야.
　정조가 세상을 떠나자마자 불행한 사건들이 터지기 시작했어. 그래, 불행은 늘 엎친 데 덮친 격으로 찾아오기 마련이라고 들 하지? 평소 정조가 아끼던 사람들을 시기하고 미워하던 반대파는 천주교를 믿었다는 이유로 그들을 탄압하기 시작했어. 천주교가 조선 사회를 무너뜨릴 거라고 주장하면서 말이야. 정조가 아끼던 사람들 중에 천주교를 믿는 신자가 많았거든.

약전도 이런 공격을 피하지 못했어.

"난 한때 천주교를 믿었으나, 지금은 거리를 두어 관련이 없소."

약전의 말도 아무 소용없었어.

약전뿐만 아니라 약용도 천주교를 탄압하는 무리들의 공격을 받았어. 또 여전히 천주교를 믿는 천주교 신자 약종도 공격을 피해 가지 못했지. 약종은 형제들 중에서 가장 늦게 천주교

알아 두면 좋은 지식

임진왜란이 끝나고 명나라에서 돌아온 조선 사신이 천주교 책을 들여오면서 조선에도 본격적으로 천주교가 알려졌다. 처음에 유학자들은 천주교를 '서학'이라고 부르면서 학문으로 생각하고 연구했다. 하지만 천주교에서 주장하는 평등사상을 믿고 종교로 받아들이는 사람이 많아지면서 정부의 탄압이 시작되었다. 정부는 천주교를 믿는 사람이라면 관직과 신분에 관계없이 잡아들여 고문하고 사형시켰다.

를 알았는데, 그런 만큼 강한 믿음으로 신앙 활동을 해 왔어.

형제들은 한꺼번에 잡혀가 모진 고문을 받았어. 그런데도 약종은 꿋꿋하게 신앙을 지켰어.

'아, 약종아. 내 아우 약종아.'

굵은 눈물방울이 피 묻은 약전의 뺨을 타고 흘러내렸어. 신앙 때문에 목숨을 잃게 된 동생을 지켜보는 것이 너무나 마음 아팠기 때문이야. 만일 신앙을 버렸다면 목숨은 부지할 수 있었을 텐데도 약종은 끝내 신앙을 포기하지 않았거든. 결국 약종은 수많은 천주교 신자들처럼 사형을 당했어.

"죄인 정약전과 정약용은 유배형에 처한다!"

약전은 눈앞이 캄캄해졌어. 멍멍한 약전의 귀에 자신이 갈 유배지의 이름이 들려왔어. 흑산도였어.

'아, 흑산도.'

흑산도는 멀리 전라도에 있는 작은 섬이야. 배를 타고 가다가 풍랑을 만나면 죽을 수도 있는 유배 길이었지.

동생 약용도 전라도에 있는 강진이라는 곳으로 유배를 가게 되었어. 그길로 유배 길에 올라야 했던 두 형제는 말에 올라타

기 전에 말없이 손만 맞잡았어. 마주 보았지만, 웃을 수도, 울 수도 없었지. 그저 서로 무사하기만을 바라는 마음으로 마주 잡은 손만 꽉 움켜쥐었어.

헤어짐과 새로운 미래

또각 또각 또각.

두 형제가 나란히 전라도로 가는 길에 말발굽 소리만 울려 퍼졌어. 약전은 유배 가는 아버지를 보겠다고 서울에서부터 수원까지 달려왔던 어린 아들을 생각했어. 열한 살인 아들의 작은 손에는 구슬이 쥐여 있었지. 큰 구렁이 눈알로 만든 구슬이었어.

"아버님, 흑산도는 수풀이 우거진 곳이어서 뱀이 많다고 합니다. 이 구슬을 뱀에게 비추면 뱀들이 모두 그 자리에서 죽는다고 하니, 꼭 지니고 계십시오."

약전에게 구슬을 쥐어 주며 어린 아들은 눈물을 뚝뚝 흘렸지. 약전은 그런 아들을 떠올리며, 어쩌면 두 번 다시 아들의 얼굴을 볼 수 없으리라고 생각했어.

약전과 약용 형제는 어느새 전라도 나주에 이르렀어.

"율정점이라. 주막 이름치고 괜찮구나."

약전은 동생과 하룻밤 묵을 주막을 바라보며 애써 밝게 말했어.

율정점에서 두 형제는 애틋한 하룻밤을 지냈어. 날은 금세 밝아 왔고, 헤어질 시간이 다가오자 약전은 주막 앞에서 또다시 약용과 손을 맞잡았지.

"형님, 이제 가시면 또 언제 뵙게 될까요?"

"모든 것이 하늘의 뜻이니 그저 아우도 몸조심하게."

마주 잡은 손을 놓으며 약전은 말머리를 흑산도 쪽으로 돌렸어. 약용도 강진 쪽으로 말머리를 돌렸지. 이때 나눈 작별 인사가 형제의 마지막 작별 인사가 되었어. 안타깝게도 우애가 깊었던 두 형제는 그 뒤로 다시 만나지 못했지.

뒷날, 약용은 율정점에서의 헤어짐을 떠올리며 이런 시를 썼어.

밉고 미운 것은 율정점 주막 문 앞 길이

두 갈래로 갈린 것이라네.

본래 같은 뿌리에서 태어났는데

지는 꽃잎처럼 뿔뿔이 흩날려 버렸네.

부둣가에 도착한 약전은 멀리 바다를 바라보았어.

'흑산도라니. 얼마나 어둡고 으슥하기에 이름이 흑산도일까?'

배에 오른 약전은 각오를 다졌어. 이 기회에 평소 틈틈이 하

던 물고기나 물속에서 자라는 것들에 대한 공부를 단단히 하자는 각오를 세웠지.

약전은 어린 시절부터 고기잡이를 할 때에도 물고기를 그저 먹을거리로만 보지 않고, 생김새나 특징을 조사하는 일이 종종 있었어.

'강과 바다는 넓으니, 그 속에 있는 자원도 무궁무진할 거야.'

미지의 강과 바다 속은 약전에게 탐구의 대상이었어. 뭍을 떠나 섬으로 가는 약전의

마음은 불안함과 기대감이 뒤섞여 있었어.

약전이 탄 배는 기우뚱거리면서도 착실하게 앞으로 나아갔어.

"나리, 저곳이 흑산도입니다."

곁에 있던 문순득이 약전에게 일러 주었어. 문순득은 홍어 장수로, 홍어를 사려고 흑산도에 가는 길에 약전을 만나 함께 가는 길이었지.

약전은 고개를 돌려 문순득이 알려 주는 곳을 바라보았어. 그곳에는 웅크린 짐승처럼 생긴 섬, 흑산도가 있었어.

알아 두면 좋은 지식

조선 시대에는 죄인뿐만 아니라 정치적인 다툼에서 밀려나거나 옳지 못한 정책에 바른 소리를 한 정치인, 지식인도 유배를 가는 경우가 많았다. 15, 16세기에 관직에 오른 사람들 중에서 20%가 넘는 사람들이 유배를 경험했다는 기록이 있을 정도였다. 양반, 평민, 천민 모두 유배형에 처해질 수 있지만, 유배를 간 사람들은 대부분 정치적인 문제에 얽힌 양반이었다.

흑산도에서의 삶

약전이 처음 바라본 흑산도는 너무나 어두웠어. 귀양살이를 해야 하는 곳이니 그렇게 보인 것도 당연하겠지?

'자산(玆山)'은 '흑산(黑山)'이다. 흑산은 내가 귀양살이를 하는 곳이다. 흑산이라는 이름은 어두운 느낌을 주어 무섭다. 집안사람의 편지에는 번번이 흑산을 자산이라고 표현했다. '자(玆)' 역시 검다는 뜻이기 때문이다.

하지만 이런 약전의 마음은 흑산도에 사는 사람들을 만나며 달라졌어. 열심히 고기잡이를 하며 살아가는 사람들을 보니 물속 자원들을 공부하고 싶은 마음이 다시금 강해진 거야. 더구나 흑산도는 생각보다 큰 섬이었어. 마을도 여럿 있었고, 주변에 작은 바위섬도 많았지.

'이 정도면 근처에서 잡히는 물고기도 그 종류가 참으로 많겠구나.'

방에 앉아서 방문 밖을 내다보던 약전은 처음 흑산도 바닷가에 발을 내딛던 순간을 떠올렸어. 바닷물이 드나드는 곳을 따라 불쑥불쑥 솟아 있는 갯바위들과 그런 갯바위에서 잠시도 쉬지 않고 움직이던 갯강구들.

"갯강구들이 위로 움직이는 것을 보니 큰비가 올 거구먼요."

섬사람 중 한 명이 그렇게 말하자 다른 섬사람들도 고개를 끄덕였어. 약전은 새삼 갯강구가 신기하게 보였지. 자신이 흑산도에서 무엇을 해야 할지 알려 주는 것 같았어.

섬사람들은 약전을 반갑게 맞아 주었어. 각자 필요한 것들을 조금씩 모아 약전이 지낼 집의 살림도 마련해 주었지.

약전은 집 이름을 '복성재'라고 짓고, 마을 아이들을 모아 글을 가르쳤어. 동생 약용은 편지로 그 소식을 듣고는 무척 기뻐하며 편지에 이렇게 썼다고 해.

섬에 사는 사람과 육지에 사는 사람은 조금도 다르지 않다.

약전이 가르치는 섬 아이들은 글자를 하나하나 알아 갈 때마다 눈이 반짝이고 얼굴이 환해졌어. 그도 그럴 게, 섬에서는 좀처럼 글을 배울 기회가 없었어. 약전처럼 배움이 깊은 학자가 서당을 열어 글을 알려 준다고 하니 동네 아이들뿐 아니라 앞마을, 뒷마을 할 것 없이 수없이 많은 아이들이 몰려들었지.

그런 아이들을 볼 때마다 약전의 마음도 밝아졌어.

'이 아이들에게 내가 또 무슨 도움을 줄 수 있을까?'

그러다 문득, 홍어 장수 문순득이 떠올랐어. 홍어를 잘 모르는 약전에게 문순득이 홍어에 대해 자세히 설명을 해 준 적 있었는데, 그 설명이 참으로 자세하고 정확해서 아직도 기억에

남아 있었거든.

"나는 글은 모르지만, 홍어에 대해서는 모르는 것이 없지요. 그뿐인가요! 풍랑을 만나서 여기저기 떠다니면서 넓은 세상도 많이 봤지요."

"허허, 그런가? 자네 얘기를 들으면 밤새는 줄 모르겠구먼. 나만 듣고 잊기에 아까운 얘기들이야."

"그러시면 나리께서 홍어 얘기든 뭐든 책으로 써서 후세까지 알려 주시면 좋지 않겠습니까?"

그때는 허허 웃으며 넘겼지만, 사실 약전은 고향에서 지낼 때에도 물고기들을 살펴 기록하는 일을 즐겨 했었어.

'그래, 내가 흑산도에 살면서 어부들에게서 보고 들은 것들, 내가 직접 만지고 보며 알게 된 것들을 책으로 기록하자. 그러면 이 아이들에게도, 또 수산물이 널리 이롭게 쓰이는 데에도 도움이 될 것이다.'

약전의 가슴속에 작은 불씨가 타올랐어.

최고의 조수

　약전은 흑산도에서 나는 수많은 수산물을 하나씩 조사하고 기록하기 시작했어. 무엇을 기록하든 꼼꼼하고 정확하게 하려고 애를 썼지.

　비슷한 물고기들을 종류별로 분류하고, 글로 자세히 설명했어.

　'이렇게 하다 보면 책 한 권이 완성되기까지 몇 해가 걸릴지 알 수 없구나. 그 정도로 이 일에 의미가 있을까?'

　약전은 동생 약용에게 편지를 써서 자신의 생각을 전했어. 약용은 약전이 흑산도에서 시간을 버리지 않고 의미 있는 일을 하려는 것이 너무나 반가워서, 서둘러 용기를 북돋는 편지를 보냈지. 동생의 편지를 받은 약전은 다시금 마음을 다잡고, 섬 사람들을 만나며 참고할 만한 물고기들을 얻거나 함께 낚시하러 가서 물고기를 잡았어.

하루하루 정성껏 물고기 기록을 하는 약전의 곁에는 창대라는 청년이 있었어.

섬 안에 장창대라는 사람이 있었다. (…) 집이 가난해서 책은

많지 않지만, 손에서 책을 놓지 않았다. 성품이 차분하고 꼼꼼해서 풀, 나무, 새, 물고기 등 자연물을 세밀하게 살펴보고 깊이 생각해 그 성질과 이치를 파악했기 때문에 창대의 말은 믿을 만했다.

창대는 누구라도 혀를 내두를 만큼 물고기에 대해 아는 것이 많았어. 창대가 말해 주는 정보가 얼마나 자세한지 예를 들어 줄까? 청어라는 물고기에 대해 들어 본 적이 있니? 창대는 영남에서 잡히는 청어의 척추가 74마디이고, 호남에서 잡히는 청어의 척추는 53마디라는 것도 알고 있었어. 약전은 그런 정보를 귀담아들으며 소중하게 기록했지.

물고기뿐만 아니라 게, 조개, 고동, 미역, 다시마 같은 여러 수산물을 조사할 때도 창대의 역할이 컸어. 섬사람들은 미역이나 고동 같은 것들을 두고 저마다 부르는 이름이 달랐는데,

그때마다 창대가 올바른 이름을 알려 주었지.

그런 창대였지만, 약전이 처음 창대를 찾아갔을 때는 눈도 제대로 마주치지 않았어. 촌장에게서 물고기에 대해 잘 아는 청년이 있다는 말에 집까지 찾아간 약전에게 창대는 인사도 하는 둥 마는 둥이었어. 머쓱한 표정으로 창대의 방 안을 둘러보던 약전은 손때로 닳은 책들을 보며 창대가 학문에 뜻이 있지만 신분 때문에 막혀 버린 것 같아서 안타까웠지.

약전은 창대의 집에서 며칠 머물렀어. 조금이라도 더 친해지고 싶어서였지. 시간이 지나자 창대도 조금씩 약전을 편히 대하게 되었어.

"여기 이 생선 뼈 좀 보시지요. 영남에서 잡힌 청어인데, 흑산도에서 잡는 청어랑 생긴 것이 달라 보여서 이렇게 뼈를 발라 보았습니다."

"네가 직접 해부를 했단 말이냐? 대단하구나."

약전은 창대의 꼼꼼함뿐만 아니라 탐구 정신에도 감탄했어. 그야말로 최고의 조수를 만난 셈이었지.

〈자산어보〉의 탄생

　흑산도 바다에 대해 모르는 것이 없는 창대는 자료를 모으고 책을 쓰려는 약전의 등에 날개가 되어 주었어. 이때부터 약전의 눈은 흑산도에서 나는 것이면 무엇 하나 빠짐없이 살펴 머릿속에 담았고, 약전의 손은 밤마다 붓을 들어 보고 들은 것들을 정성껏 기록했지.

　약전은 단순하게 눈으로 관찰한 것만 기록하지 않았어. 자세히 관찰한 뒤에는 주위에서 듣거나 책에서 읽은 정보를 같이 기록하려고 애썼어. 그게 무슨 말이냐고? 지금부터 약전이 거북을 만난 이야기를 해 줄 테니 잘 들어 봐.

어느 날, 약전은 바닷가를 천천히 걷고 있었어. 바닷가는 말끔하게 손질한 그물을 든 사람들이 하나둘씩 배에 올라타며 서로 웃고 떠드느라 북적거렸지.

그때 누군가 외치는 소리가 들려왔어.

"손 닿지 않게 조심하시오!"

"바다 나가는 데 크게 다칠라!"

약전은 무슨 일인가 싶어서 서둘러 소리가 나는 곳으로 발걸음을 옮겼어. 그곳에는 커다랗고 납작한 바윗덩어리가 놓여 있었고, 사람들은 못 볼 것을 보았다는 듯 본척만척하며 슬금슬금 피해 다녔지.

'아니, 저건 거북이 아닌가?'

약전은 눈을 비비고 허리를 굽혀 가만히 바윗덩어리를 내려다보았지. 납작한 바윗덩어리는 정말 몸집이 큰 거북이었어. 거북은 사람들 소리에 어안이 벙벙한 것인지, 아니면 서서히 다가오는 햇볕을 쬐려고 늘어진 것인지 그저 태평하게 꼼짝하지 않고 엎드려 있었지.

"이놈 등딱지가 어찌 이렇게 맨들거리는 것이냐? 한번 만져 보자꾸나."

약전이 등딱지를 만지려고 손을 뻗으려던 때, 곁에 있던 사람이 손을 휘저으며 소리쳤어.

"아이고, 나리! 그놈 만지시면 해를 입게 됩니다요! 아예 만질 생각도 하지 않는 게 좋을 겁니다요!"

약전이 고개를 돌리니 그 사람은 어느새 거북에게서 멀찍이 떨어져 있었어.

"아니, 뭘 그렇게 무서워하는가? 거북이 물기라도 할 것 같아서 그러는가?"

약전이 껄껄 웃으며 허리를 펴자 멀찍이 물러서 있던 사람은 고개를 획획 저으며 답답하다는 듯 입을 열었지.

"몰라서 하시는 말씀입니다요! 거북은 성격이 고약하지 않고, 느릿느릿 움직여서 물릴 일은 좀처럼 없습죠."

"그럼 뭐가 그리 겁나는가?"

"바다에서 사는 거북은 신령스러운 짐승입니다요. 함부로 잡으면 큰 화를 입게 됩니다요. 그러니 절대로 만지거나 잡으려고 하면 안 됩니다요."

섬사람은 말을 마치자마자 공손히 인사하더니, 갑자기 급한 볼일이라도 생각난 듯이 바쁘게 배가 있는 곳으로 뛰어갔어.

약전은 자신도 모르게 고개를 끄덕였지. 거북을 만나는 사람은 많겠지만, 섬사람들이 거북을 어떻게 여기는지 아는 사람은 많지 않을 것이라는 생각이 들었어.

그날 밤, 약전은 아침에 본 거북의 모습을 떠올리며 붓을 들었어.

바다거북은 민물에 사는 거북과 비슷하다. 등딱지에는 황갈색 바탕에 검은색 무늬가 있다. 때로 물 위로 떠오르기도 하는데, 성질이 무척 느긋해서 사람이 다가가도 놀라지 않는다. 등딱지에는 굴 껍데기가 붙어 있어서 조각조각 벗겨져 떨어진다. 섬사람들은 화를 입을까 두려워서 바다거북을 보아도 잡으려 하지 않는다.

약전은 자신이 쓴 글을 다시 한번 읽어 보았어.

'앞으로 이 글을 읽는 사람들은 거북의 모습뿐만 아니라 섬사람들이 거북을 어떻게 여기는지도 잘 알 수 있을 것이다. 그래, 내가 남기고자 하는 책에는 그런 내용까지 담겨야 한다.'

약전은 자신도 모르게 고개를 끄덕였지.

흑산도에서의 시간은 느린 듯 빠르게 흘러갔어. 1814년, 약전은 자신 앞에 수북하게 쌓인 종이 더미를 끈으로 엮기 시작했지. 한 땀 한 땀 정성스럽게 엮은 책의 표지에 약전은 조심스럽게 제목을 썼지.

자산어보.

그래, 드디어 나 〈자산어보〉가 이 세상에 태어난 거야. 한 권의 책 속에는 약전이 오랜 시간 섬사람들과 어울려 술도 마시고 물고기도 잡으면서 멸치잡이에 따라갔던 기억, 고래에 놀란 날치들이 뱃전을 스치고 지나갔던 장면이 녹아 있었어. 약전이 바다 동물과 식물, 심지어 새들까지도 흑산도에 사는 것은 무엇이든 하나도 놓치지 않고 성실하게 써 내려갔던 기록들이 드디어 마침표를 찍게 된 거야.

"나는 이 기록이 완벽하지 않다는 걸 잘 안다. 부족한 부분은 뒷날 나보다 더 배움이 깊은 이가 나타나 채워 주겠지. 나는 그저 이 책이 흑산도에 사는 어부들과 아이들, 수산물을 연구하는 학자들에게 도움이 되길 바랄 뿐이다."

약전은 나를 앞에 두고 그렇게 혼잣말을 했어. 그래, 첫 장을 펼치면 가장 먼저 이런 약전의 마음이 담긴 글을 만날 수 있어.

이 책은 병을 고치는 사람이나, 어류를 관리하는 관리자에게 큰 도움이 될 것이다. 또한 시인들이 좋은 표현을 생각하려 애쓸 때, 지금까지 알지 못했던 정보를 얻는 데 널리 쓰일 것이다.

나를 보는 약전의 얼굴에 수많은 감정이 떠올랐다가 사라졌지. 약전이 흑산도에서 보낸 14년의 시간이 녹아 있는 〈자산어보〉는 이렇게 탄생한 거야.

끝내 이루지 못한 바람

"나리, 애를 낳은 임산부가 왜 미역국을 먹는지 아십니까?"

바닷가에 밀려온 미역을 이리저리 살펴보는 약전을 보며 창대가 물었어.

"글쎄다, 내가 읽었던 책에 미역에 대한 내용이 있었던가?"

약전은 이리저리 생각해 보아도 미역에 대한 정보가 떠오르지 않았어. 그러자 창대가 빙그레 웃으며 말했지.

"임산부가 앓는 여러 가지 병을 고치는 데 미역만 한 것이 없다고 해서 그렇게들 미역국을 먹는 겁니다."

"허허, 그런가? 그럼 그 내용도 책에 넣어야겠구나."

이렇게 창대가 말해 주는 정보는 약전의 머릿속에 쌓였다가 옛사람들이 쓴 책의 내용에 비추어 〈자산어보〉로 옮겨졌어.

주름이 쌓인 곳은 도장을 찍은 것처럼 보인다. 잎은 옥수수 잎과 비슷하다. 1, 2월에 뿌리가 나고 6, 7월에 따서 말린다. 뿌리의 맛은 달고 잎의 맛은 담백하다. 임산부가 앓는 여러 가지 병을 고치는 데 미역만큼 좋은 것이 없다.

약전이 책을 마무리하던 그해 여름, 약전은 동생 약용에게서 편지 한 통을 받았어. 편지에는 이렇게 쓰여 있었지.

형님, 전 곧 유배에서 풀려날 것 같습니다. 형님을 뵙기 위해 흑산도로 가겠습니다.

편지를 받은 약전은 함박웃음을 지었어. 글공부하던 아이들이 궁금한 듯 물었지.

"나리, 무슨 일로 그리 기뻐하세요?"

"허허, 동생이 나를 보러 흑산도로 온다는구나!"

"네? 동생분이요?"

놀란 아이들의 얼굴에는 호기심이 피어올랐어.

눈을 동그랗게 뜬 아이들 앞에서 약전은 기뻐서 덩실덩실 춤이라도 추고 싶었지. 그립고 그리운 동생 얼굴을 드디어 보게 된다니, 이보다 더 기쁜 일은 없을 것 같았어.

"아니, 잠깐. 약용이 그토록 오랜 세월 유배 생활을 했으니 몸이 얼마나 약해졌을까? 긴 유배 생활 끝에 이렇게 먼 흑산도까지 오기는 힘들 테니, 내가 배를 타고 우이도로 건너가 그곳에서 동생을 만나야겠다."

아이들은 약전이 혼자 중얼거리는 소리를 듣고 합창하듯 소리쳤어.

"네? 우이도로 가신다고요?"

"흑산도 밖으로 나가신다고요?"

아이들은 금방이라도 울 것 같은 얼굴로 약전에게 매달렸어.

약전은 그런 아이들의 머리를 하나하나 만져 주며 인자하게 웃었지.

"떠난다는 게 아니다. 동생 얼굴만 보고 온다는 거지."

약전이 아무리 부드럽게 어르고 달래도 아이들의 불안한 마음은 가라앉지 않았어. 그날 저녁, 아이들은 부모들에게 이 소식을 알렸고, 하룻밤을 넘기자마자 약전이 우이도로 간다는 소식은 순식간에 섬마을 곳곳으로 퍼져 나갔어.

아침부터 섬사람들은 약전의 집 마당에 모여들었어. 약전의 바짓가랑이를 잡고 울며불며 매달렸지.

"나리처럼 우리를 생각해 주는 양반님은 또 없습니다. 우릴 두고 어딜 가신답니까!"

"허허, 이 사람들아. 아예 떠나는 게 아니라니까 이러네. 잠시 가서 동생 얼굴 보고, 그리움만 풀고 올 것일세. 그러니 나 좀 보내 주세."

약전이 아무리 애원해도 사람들은 도무지 놔주지 않았어. 결국 약전은 1년이 지난 뒤에야 우이도로 갈 수 있었지.

하지만 그토록 어렵사리 건너간 우이도에서 약전은 끝내 동

생의 얼굴을 보지 못했어. 약용이 유배에서 풀려나지 못했기 때문이야.

　약전은 우이도에서 그리운 동생을 기다렸어. 그런 약전의 몸은 하루가 다르게 약해졌지. 흑산도를 떠나 외로이 생활하던 약전은, 결국 1년 뒤에 눈을 감고 말았어. 그립고 그리운 동생 약용의 얼굴을 한 번만 더 보고 싶다는 간절한 바람은 이루어지지 않았어.

　약전은 그렇게 세상을 떠났지만, 약전이 만든 나, 〈자산어보〉는 꼼꼼한 기록과 방대한 양으로 사람들을 끊임없이 놀라게 하고 있어. 우리나라 서해안에서 나는 수많은 생물에 대한 정확한 기록으로 말이야.

관찰 일기, 이렇게 써 봐

정약전 이야기 재미있었니? 난 정약전이 힘든 유배 생활을 꿋꿋하게 견딜 수 있었던 건 탐구심과 관찰력, 그리고 기록의 즐거움 때문이라고 생각해. 그래서 나 <자산어보>가 세상에 태어날 수 있었던 거고.
이번에는 관찰 일기 쓰기에 대해서 알아볼 거야. 관찰 일기가 무엇인지, 정약전처럼 뛰어난 관찰 기록을 남기려면 어떻게 쓰면 좋은지 다 얘기해 줄게. 그럼 너희들도 멋진 기록문을 남길 수 있을 거야!

일기, 왜 써야 할까?

관찰 일기라는 새로운 글쓰기를 시작하기 전에, 먼저 묻고 싶은 게 있어. 잘 듣고 대답해 줘.

'일기는 왜 써야 하는 걸까?'

어때? 대답할 수 있겠니? 혹시 이 글을 읽고 있는 너는 매일 일기를 쓰고 있니? 매일이 아니라면 이틀에 한 번? 아니면 일주일에 한 번?

사실 일기를 꾸준히 쓴다는 건 쉬운 일이 아니야. 학교에서 내 주는 지루한 숙제처럼 느껴질 수도 있어.

앗! 잠깐! 그렇다고 내 얘기를 끝까지 듣지 않고 책을 덮으려는 건 아니지? 하하하. 얼굴이 울상이 된 걸 보니, 일기 쓰기가 정말 어려운가 보구나.

일기 쓰기가 어려운 이유가 뭘까? 아마 하기 싫은데 억지로 해야 하는 일처럼 느껴지기 때문일 거야. 억지로 쓰려니 뭘 써야 할지도 모르겠고, 얼마나 많은 글을 써야 할지도 모를 테지.

일기는 너만의 역사책이라고 할 수 있어. 너의 하루하루를 기록하는 글이지. 하루 동안 겪은 일, 만난 사람, 너의 감정을 솔직하게 쓰는 게 일기야. 누구에게 보여 주려고 쓰는 게 아니라 네가 나중에 너의 하루를 돌아보기 위해 쓰는 거니까, 멋있게 쓰거나 아름답게 쓸 필요는 없어.

한 친구가 쓴 일기를 읽어 볼까?

날짜: 20○○년 ○월 ○일 ○요일

오늘은 아침에 눈이 잘 안 떠졌다. 어제 늦게 자서 그런 것 같다. 일찍 자고 싶은데, 밤에 재미있는 일이 너무 많다. 일찍 자기는 참 어렵다.

어때? 엄청나게 대단한 일을 쓴 건 아니지?

단순하게 있었던 일만 그대로 쓴 일기인데, 이 일기를 읽으

면 그날 어떤 생각을 했는지 충분히 알 수 있어.

 네가 일기를 쓸 때도 마찬가지야. 부모님께 꾸중을 들어서 기분이 나쁘다면 일기에 그대로 쓰면 돼. 단, 어떤 꾸중을 들었고 왜 기분이 나쁜지 정확하게 쓰는 게 좋아. 그래야 나중에 네가 읽을 때에도 '아, 맞아! 이날은 그래서 기분이 나빴지!' 하고 떠올릴 수 있을 테니까.

또 한 가지! 일기는 매일매일 쓰는 게 좋아. 일기를 매일 쓰면 글쓰기에 대한 두려움이 너도 모르게 사라질 거야. 일기를 처음 쓸 때는 빈 공책을 앞에 두고 어떻게 글을 시작해야 할지 걱정하게 될 거야. 하지만 일기 쓰기가 매일 반복되면 일기장을 펼쳤을 때 자연스럽게 뭘 써야 할지 알게 돼서 글쓰기에 자신감이 생겨.

이건 사실 일기 쓰기뿐만 아니라 공부나 운동도 마찬가지야. 처음 시작할 때는 어떻게 해야 할지 모르겠고, 낯설고, 두렵지만 매일 반복하면 어느새 몸에 익어서 자연스럽게 하게 되잖아.

이제 다시 일기를 왜 써야 하는지 생각해 보자. 일기는 왜 써야 하는 걸까? 일기를 쓰면 뭐가 좋아지는데?

내가 깔끔하게 정리해 줄게. 일기를 쓰면 너의 하루를 돌아볼 수 있어. 글쓰기에 대한 두려움도 사라져. 매일매일 반복하면서 끈기와 인내심도 길러지지. 그리고 이 세 가지는 네가 앞으로 관찰 일기를 쓰는 데 꼭 필요한 것들이야.

일기를 왜 써야 하는지 조금은 이해했니? 아직 잘 모르겠다고? 흠, 그럼 관찰 일기라는 새로운 일기 쓰기에 대해 알아 가면서 재미를 느껴 보도록 하자! 나만 따라와! 고고!

일기를 쓰는 이유

너만의 역사책이 생겨.
역사책을 읽으면 그 시대에 무슨 일이 일어났는지 알 수 있지? 일기를 쓰면 너의 생활을 다시금 되짚어 볼 수 있는 너만의 역사책이 생기게 돼.

글쓰기에 대한 두려움이 사라져.
일기를 매일매일 쓴다는 것은 쓰기 훈련을 반복한다는 뜻이야. 네가 매일매일 꾸준하게 쓰기 훈련을 한다면 글쓰기에 대한 두려움이 싹 사라지게 될 거야.

매일매일 쓰면서 끈기와 인내심이 길러져.
어떤 일을 꾸준하게 한다는 것은 엄청난 끈기와 인내심이 필요한 일이야. 네가 매일 세수를 하고, 학교에 가서 수업을 들을 때, 엄청난 끈기와 인내심이 필요한 것처럼 말이야. 네가 스스로 매일 일기를 쓰겠다고 약속하고 그것을 지킨다면 어느새 너에게는 엄청난 끈기와 인내심이 생길 거야.

관찰 일기가 뭐야?

관찰 일기에 대해 들어 본 적 있니? 응? 처음 듣는다고? 그럼 엄청나게 다양한 일기의 종류에 대해 먼저 말해 주어야겠구나. 지금부터 일기의 종류를 쭉 말해 줄 테니 잘 읽어 봐!

일기는 말이야…….

너의 생각을 정리하는 생각 일기, 하루 한 가지 칭찬할 일을 쓰는 칭찬 일기, 그날그날 공부한 것을 쓰는 공부 일기, 책을 읽고 느낀 점을 쓰는 독서 일기, 기자처럼 취재하고 정리해 보는 신문 일기, 미술관이나 박물관을 관람하고 쓴 견학 일기, 만

화로 이야기하는 만화 일기, 동시로 쓰는 동시 일기, 여행하면서 보고, 듣고, 느낀 것을 쓰는 기행 일기 등등.

휴! 네가 일기의 종류를 살펴보는 동안 난 잠깐 물 좀 마실게. 꿀꺽꿀꺽!

어때? 정말 다양하지? 사실 이름은 다 다르지만, 결국 모두 그날 겪은 일을 쓴 일기라는 점은 똑같아. 지금부터 우리가 알아볼 관찰 일기도 수많은 일기 중 한 가지야.

그렇다면 관찰 일기는 어떤 일기일까? 관찰 일기란, 말 그대로 무언가를 관찰해서 쓴 일기야.

여기서 또 질문! '관찰'이란 무슨 뜻일까? 정확한 뜻을 찾기 위해 인터넷 사전에다가 '관찰' 하고 입력해 봐. 바로 이런 뜻이 나타날 거야.

사물이나 현상을 주의하여 자세히 살펴봄.

그래, 관찰이란 무언가에 관심을 두고 자세히 살펴보는 거야. 그러니까 관찰 일기는 나의 기분이나 내가 겪었던 일들을 적는 일기와는 조금 성격이 달라. 내가 무엇을 느꼈느냐를 기록하기보다 무엇을 관찰했고, 어떤 결과가 나왔느냐를 기록하는 것이 더 중요하지.

그래서 관찰 일기는 그날 관찰한 것을 그날 일기로 쓰는 것이 매우 중요해. 기억이라는 건, 시간이 지날수록 자꾸 바뀌기 때문이야.

잠깐! 조금 어리둥절한 표정이네! 그럼 조금 더 이해하기 쉽게 설명할게.

나 〈자산어보〉도 관찰 일기를 통해 탄생한 관찰 기록문이야. 정약전이 그날그날 쓴 관찰 일기를 잘 정리해서 한 권의 책으로 만든 것이지.

만일 정약전이 그날 관찰한 것을 바로 쓰지 않았다면 어떻게 되었을까? 정약전이 그때 알게 된 정보를 나중에 책으로 정리할 때까지 기억할 수 있었을까? 아마 관찰 일기를 쓰지 않았다면, 정약전은 〈자산어보〉를 쓰면서 계속 이런 말을 되풀이했을 거야.

"어? 그때 정 씨가 잡은 물고기의 무늬가 어땠더라?"

"아뿔싸! 그날 바닷가에서 잡은 조개의 이름을 잊어버렸네!"

이제 관찰 일기가 무엇인지 조금 감이 잡히니? 맞아! 관찰 일기는 무언가를 주의 깊게 관찰하고, 관찰한 것을 그날그날 기록하는 일기야. 일주일 전에 관찰한 것, 1년 전에 관찰한 것을 기록하는 것은 의미가 없지.

솔직하게 말할게. 관찰 일기는 말이야, 끈기와 성실함이 필요한 일기 쓰기야. 하지만 그만큼 재미있는 일기이기도 하지.

설마 지금, 관찰 일기고 뭐고, 못 쓸 것 같다고 책을 덮으려는 건 아니지? 자자, 조금만 참아 줘. 지금부터 관찰 일기가 얼마나 재미있는지 하나씩 알려 줄게.

관찰 일기의 정체

무언가를 자세히 살펴보고, 그것을 기록한 거야.
관찰이라는 것은 말 그대로 '매우 주의 깊게 살펴본다'는 거야. 그러니까 관찰 일기는 네가 무엇을 관찰하든 그것을 잊지 않고 정확하게 기록한 것이지.

그날 관찰한 것을 그날 기록한 일기야.
아무리 열심히 관찰했다고 해도 시간이 지나면 네가 본 것은 하나둘 사라지거나 원래의 모습과는 다른 모습으로 기억하게 돼. 그러니까 그날 관찰한 것을 그날 기록하는 것이 매우 중요해.

무엇을 관찰할까?

'관찰해서 일기를 쓰라고? 뭘 관찰하라는 거야? 내 주위에는 매일 보던 것들만 있고, 특별한 건 하나도 없는데…….'

관찰 일기를 시작하려고 보니, 무엇을 관찰해야 할지 모르겠지? 관찰이라고 생각하면 떠올리기 어려울 거야.

좋아! 처음 관찰 일기에 관심을 가진 너에게 쉽고 재미있게 관찰할 거리를 정할 수 있는 놀이를 살짝 알려 줄게.

먼저 작은 종이 여러 장을 준비해. 종이마다 네 주위에 있는 것들을 떠올려 쓰는 거야. 예를 들면, 집에서 만든 음식, 집에서 기르는 식물, 귀여운 우리 집 강아지나 고양이, 또는 새들, 냉장고, 텔레비전, 세탁기, 내가 자주 보는 스마트폰, 내 얼굴 등등.

어때? 정말 많지? 이제 글자가 보이지 않게 종이들을 접고 뒤섞어. 눈을 감고 딱 한 장만 뽑아 봐. 뭐가 나왔지?

네 얼굴이 나왔다고? 좋아! 그럼 지금 당장 거울을 가져와서 네 얼굴을 관찰해 봐.

관찰이 뭐라고 했지? 그래, 맞아. 관찰이란 무언가에 관심을 두고 자세히 살펴보는 거야. 지금부터 네 얼굴을 자세히 살펴봐. 그리고 하나씩 기록하는 거야. 얼굴을 이리저리 비춰 보며 자세히 관찰하면 아마 네가 평소에 보지 못했던 점이나 눈썹 모양, 뾰루지를 발견하게 될 수도 있어. 또는 엄마와 닮은 눈이나 아빠와 닮은 코도 보게 될지 몰라.

그럼 이제 네가 본 것을 하나씩 기록하는 거야.

1. 왜 네 얼굴을 관찰하게 되었니?
2. 얼굴은 어떤 모양이니?
3. 누구를 닮았니?
4. 지금까지 몰랐는데, 새롭게 알게 된 점이 있니?

오늘 저녁, 네가 쓴 기록을 잘 모아서 일기를 써 봐. 그럼 그게 관찰 일기가 되는 거야. 어때? 관찰 일기가 생각만큼 어렵지 않지?

관찰 일기를 쓰려면 무언가를 관찰해야 하는데, 그때의 무언가는 누구도 관찰한 적이 없는 거창한 것이 아니야. 오히려 네가 자주 보는 것으로 정하는 것이 더 좋아. 아직도 어렵다고? 그럼 네 주위에서 쉽게 관찰할 수 있는 것을 한 가지 더 찾아볼까?

음……, 네 방은 어때? 네가 매일 생활하고, 아침부터 밤까지 살펴보게 되는 곳이니까 딱 적당할 것 같아.

지금부터 순서대로 기록해 봐.

1. 왜 네 방을 관찰하게 되었니?

2. 방은 어떤 모양이니?

3. 방에는 어떤 물건이 있니?

4. 물건들 색깔은 어떠니?

5. 지금까지 몰랐는데, 새롭게 알게 된 점이 있니?

어때? 이번에는 조금 더 쉽게 기록할 수 있었니?

관찰할 대상을 찾는 것이 생각보다 어렵지 않지? 주위를 둘러보고, 네가 쉽게 살펴보고 기록할 수 있는 것을 관찰하는 거야.

아! 혹시 남들이 이런 말을 할까 봐 걱정될 수도 있겠다.

"에계! 겨우 이런 걸 관찰한다는 거야?"

하지만 관찰 일기는 더 중요하고 더 멋진 것을 관찰하는 것이 아니야. 무언가 범위를 딱 정해서 그것만 관찰하고 기록하는 것도 아니지.

정약전을 봐. 가마우지가 바다 생물도 아닌데, 관심이 가서 관찰했고, 바다 생물 기록서인 〈자산어보〉에도 넣었어. 가마우지가 뭐냐고? 바닷새의 한 종류야.

크기는 기러기만 하며 색깔은 까마귀와 같고 털이 총총하고 짧다. 꼬리와 다리도 역시 까마귀와 같다. 뺨 한쪽에는 흰 털 무더기가 있어 닭의 뺨과 비슷하다.

이제 아침부터 밤까지, 네 눈길을 사로잡는 것이 생긴다면 무조건 관찰해 봐. 관찰은 어렵지 않아. 집중해서 끈기 있게 살펴보는 거야. 알았지?

관찰할 대상을 고르는 방법

네가 자주 볼 수 있는 것을 관찰하면 좋아.
남들과는 다른 것, 자주 볼 수 없는 특별한 것을 관찰하려는 욕심은 잠시 넣어 두자. 관찰은 네가 자주 볼 수 있고, 쉽게 찾아갈 수 있는 곳에 있는 것부터 출발하는 게 좋아. 그래야 생각날 때마다 쉽게 관찰하고 변화한 모습을 눈치챌 수 있거든.

동물, 가전제품, 네 얼굴까지 무엇이든 관찰할 수 있어.
온 세상 모든 물건, 온 세상 모든 동물이 다 네 관찰 대상이야. 네 가족이나 선생님, 학교 친구들도 관찰 대상이 될 수 있어. 무엇이든 네 눈을 확 끌어당기는 것이 있다면 지금 당장 관찰을 시작하는 거야.

관찰하고 또 관찰하라고?

관찰할 대상을 정했니? 혹시 오늘 무언가를 관찰하고 왔을 수도 있겠다.

근데 관찰은 딱 한 번만 하고 끝내는 것보다 관찰하고 또 관찰하는 게 더 좋다는 것 알고 있니?

그게 무슨 말이냐고? 그럼 한 친구가 선풍기를 관찰하고 쓴 일기를 보여 줄게. 선풍기 관찰 일기를 읽으면 아마 이런 생각이 들 거야.

'이 정도면 나도 쓸 수 있겠는걸!'

관찰 일기는 전혀 어렵지 않다는 걸 생각하며 한번 읽어 봐.

날짜: 20○○년 ○월 ○일 ○요일

제목: 안 변한 듯 변한 선풍기

오늘은 아빠가 여름이 끝나서 선풍기를 조각조각 분해해서 보관할 거라고 했다.

나는 아빠 옆에서 시원한 바람을 만들어 준 고마운 선풍기가 어떻게 생겼는지 관찰해 보았다.

선풍기는 여러 개의 날개가 있고, 날개가 돌아갈 때 손이 다치지 않도록 해 주는 망이 있다.

몸통에 버튼이 여러 개 있는데, 바람 세기를 조절할 수 있는 버튼과 선풍기를 껐다 켤 수 있는 전원 버튼이 있다. 선풍기에 전기가 들어올 수 있도록 플러그가 달린 전선도 있다.

우리 집 선풍기는 처음에 살 때는 흰색이었는데, 지금 관찰해 보니 색깔이 조금 노랗게 변해 있었다.

아빠는 햇볕에 선풍기 색이 바랜 것이라고 했다.

햇볕을 쬐면 흰색이 노랗게 바랜다는 것을 처음 알았다.

　관찰 일기는 친구가 쓴 것처럼 쉽게 관찰할 거리를 찾아 쓸 수 있어. 복잡하거나 어렵게 쓸 필요도 없지. 그런데 친구가 쓴 관찰 일기 중에서 선풍기 색깔에 대해 쓴 부분을 다시 한번 읽어 볼래?

친구가 관찰한 부분 중에 선풍기 색깔이 처음에는 흰색이었다가 노랗게 변했다는 사실은 한 번 관찰해서는 알 수 없는 부분이야. 선풍기를 처음 보았을 때, 흰색이라는 것을 관찰하고 머릿속에 기억해 두었기 때문에 햇볕에 노랗게 바랜 것을 알아차릴 수가 있었던 거지.

관찰하고 또 관찰하라는 것은 거듭 반복해서 무언가를 지켜보면 바로 이런 변화를 알아차릴 수 있기 때문이야.

〈자산어보〉에서 정약용이 아귀를 관찰한 기록을 찾아 읽어 볼까?

큰 것은 크기가 60센티미터 정도이고, 모양은 올챙이를 닮았다. 입이 매우 크며, 입안이 온통 빨갛다. 입술 끝에 낚싯대 모양의 등지느러미가 두 개 있는데, 의원들이 쓰는 침 모양과 닮았다. 길이는 12센티미터 정도이다. 낚싯대 끝에는 낚싯줄이 있어서 그 크기가 말 꼬리와 같다. 실 끝에 밥알처럼 생긴 하얀 미끼가 있다. 다른 물고기가 와서 이것을 먹으려고 하면 덥석 잡아먹는다.

이 기록을 보면 정약전이 얼마나 반복해서 아귀를 관찰했는지 알 수 있어. 어쩌다 잡힌 아귀를 한 번 관찰해서 아귀가 어떻게 사냥을 하는지 어떻게 알 수 있겠어?

정약전이 한 번 관찰하고 끝냈다면, 생생한 장면까지 살아 있는 기록문은 탄생할 수 없었을 거야.

이제 관찰하고 또 관찰하는 것이 왜 중요한지 이해하겠지?

반복해서 관찰해야 하는 이유

반복해서 관찰해야 변화를 느낄 수 있어.

관찰은 한 번으로 끝내는 것보다 시간에 따라 반복해서 관찰하는 것이 더 재미있어. 만일 네가 반복해서 관찰하는 것을 잊는다면, 늘 보는 가로수가 초록색 잎이었다가 어느 순간 마법처럼 한순간에 갈색 잎으로 변했다고 생각하게 될 거야. 사실 가로수 잎은 매우 서서히 색깔이 바뀌었을 텐데도 말이지.

한 번만 관찰하면 알아차리기 어려운 것들이 많아.

여러 번 관찰하면 변화를 느낄 수 있을 뿐만 아니라 그동안 보지 못했던 점을 알아차릴 수도 있어. 네가 쓰는 필통을 관찰한다면, 처음에는 그저 필통 모양이나 담긴 학용품만 눈에 보이겠지만, 두 번째에는 닳은 모서리를 발견하거나 독특한 냄새를 맡을 수도 있지.

어떻게 관찰해?

이제 인내심 있게 관찰할 마음의 준비가 되었니? 그럼, 본격적으로 관찰하는 방법에 대해 파고들어 볼까?

다시 한번 떠올려 보자. 관찰 일기가 뭐라고 했지? 맞아. 관찰한 것을 기록한 일기야. 무언가를 관찰하려면 끈기 있게 살펴봐야 해.

끈기 있게 살펴본다는 것은 한 번 보고 돌아서는 것이 아니라, 이렇게도 보고 저렇게도 봐야 한다는 뜻이야.

만일 네가 수박을 관찰한다면 어떻게 할 거니? 우선 겉모양을 살펴보겠지? 수박의 겉모양을 살펴보면, 초록색과 검은색 줄무늬가 있어. 모양은 둥글지? 그럼 꼭지는 어디에 달려 있을까? 수박의 위쪽에 한 개 달려 있어. 그럼 수박 아래쪽에는 무엇이 있니? 움푹 파인 듯한 모양의 자국이 있어.

이제 수박을 들어 보자. 무게는 어때? 무거워? 얼마큼? 네 책가방하고 비교하면?

수박 속도 들여다볼까? 수박을 잘라 봐. 잠깐! 수박을 자를 때는 어른의 도움을 받아야 해. 위험하니까 절대로 혼자서 수박을 자르면 안 돼.

영차 영차! 수박을 잘랐더니 어떤 색깔이니? 껍질과 속살의 색깔은 어때? 수박의 빨간 속살을 살짝 먹어 볼까? 그럼 껍질의 하얀 부분도 살짝 먹어 보자.

'윽! 하얀 부분을 먹으라고? 웩!'

방금 이렇게 생각한 건 아니지? 정약전이 조기에 대해서 기록한 것을 살펴볼까?

흑산 바다에서는 음력 6~7월이 되면 낚시에 걸리기 시작한

다. 이때 조기 맛은 알을 낳은 뒤여서 봄보다는 못하며, 굴비로 만들어도 오래가지 못한다. 가을이 되면 맛이 조금 나아진다.

이곳 사람들이 보구치라고 부르는 놈은 몸이 조금 크고 짤막하다. 머리는 작고 구부러져 있어서 머리 뒷부분이 높아 보인다. 비린내가 나서 포로 만들어야 한다. 칠산 바다에서 나는 것은 맛이 조금 나은데, 이것도 썩 좋지는 않다.

정약전이 조기를 관찰하고 쓴 글이야. 조기 맛에 대해 자세히 쓰여 있지?

상상해 볼래? 정약전은 조기가 알을 낳고 난 뒤라서 맛이 없다거나 비린내가 난다거나, 맛이 썩 좋지는 않다는 것을 어떻게 알았을까? 흑산도 섬사람들이 하는 말을 듣고 그대로 쓴 것일까?

정약전은 조기를 보기만 한 것이 아니라 실제 맛도 보았을 거야. 한 번 먹은 것이 아니라 알을 낳기 전, 알을 낳은 뒤, 봄이나 가을, 칠산 바다에서 나는 것까지 모두 말이야. 자신이 맛보고 느껴야 정확한 정보를 기록할 수 있기 때문이지.

　너도 실제로 수박 속의 빨간 부분과 흰 부분을 맛보지 않으면 맛에서 어떤 차이가 있는지 알기 어려울 거야. 물론 수박의 흰 부분은 먹어도 괜찮으니까 걱정하지 않아도 돼. 하하.

　이제 또 수박의 어떤 부분을 관찰해 볼까? 씨앗의 생김새를 관찰하는 것은 어때? 수박의 감촉이나 냄새는?

　수박 한 가지만 두고도 관찰할 수 있는 것이 정말 많지? 수박을 한 조각 잘라 두고, 시간이 지나면서 어떻게 변하는지 관찰하는 것도 재미있을 거야.

　그럼, 지금부터 관찰의 순서를 알려 줄게. 물론 내가 알려 준 순서를 꼭 지켜야 하는 건 아니지만, 관찰 일기를 처음 쓰는 너에게는 조금 도움이 될 지도 몰라.

1. 무언가를 관찰할 때는 먼저 겉모양부터 시작해 봐. 위아래, 앞뒤 전부 살펴보는 거야.

2. 움직이는 것을 관찰할 때는 어떻게 움직이고 있는지 살펴봐.

3. 과일처럼 자를 수 있거나, 선풍기처럼 분해할 수 있다면 그 속을 관찰해 봐.

4. 한 시간, 두 시간, 하루, 이틀, 시간을 두고 관찰할 수 있다면 변화를 관찰해 봐.

5. 가장 중요한 한 가지! 모양이나 색깔처럼 눈으로 보이는 것을 먼저 관찰하고, 냄새나 소리 같은 부분을 다음으로 확인해 보는 게 좀 더 쉬울 거야.

이제 관찰하는 방법을 좀 알겠지? 자, 지금부터 무엇을 관찰할지 정해서 눈 크게 뜨고 시작해 볼까?

관찰하는 방법

파고들고 또 파고드는 거야.
고집스러울 정도로 끈질기게 관찰해야 해. 관찰이라는 것은 한 번 쓱 보고 마는 단순한 행동이 아니니까. 네가 정한 관찰 대상을 몇 번이고 살펴보면서 파고들어야 해!

모양, 색깔처럼 알아차리기 쉬운 겉모양부터 관찰하기 시작해.
관찰은 어려운 것이 아니야. 수박을 관찰할 때, 처음부터 반으로 톡 쪼개서 관찰해야겠다고 생각하는 것보다 수박 껍질의 무늬, 색깔, 꼭지의 모양 등 쉽게 알아볼 수 있는 부분부터 관찰을 시작해 봐.

시간을 두고 변화를 관찰하는 것도 재미있어.
앞에서 말한 것 잊지 않았지? 반복해서 관찰하면 변화를 느낄 수 있다고. 이렇게 시간이 걸려도 관찰을 반복하다가 문득 변화를 느끼게 되면 마치 아무도 모르는 비밀을 알게 된 것처럼 두근두근 재미있어질 거야.

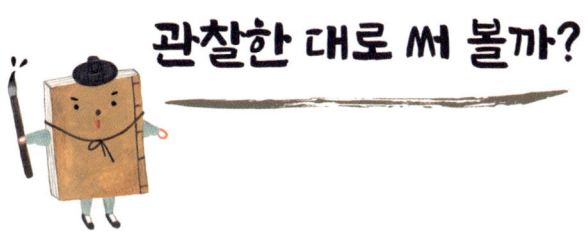

관찰한 대로 써 볼까?

지금쯤이면 관찰하기 전문가가 됐을 것 같은데, 어때? 응? 내 생각이 맞다고? 하하, 네가 관찰에 자신감이 생긴 것 같아서 나도 기뻐.

관찰하고 났더니 무엇이 달라졌니? 잠깐! 아무것도 달라진 게 없다고 하면 난 정말 속상할 거야. 왜냐하면 관찰은 그 자체로도 좋은 활동이니까.

식물을 관찰하면 식물에 대해 더 많은 것을 알게 되고, 네 물건에 대해 관찰하면 그 물건을 더 소중하게 여기게 되어 좋거든. 너도 네가 관찰한 것이 무엇이든 그것에 대해 더 많이 알게 되었을 거야. 많이 알게 된 만큼 더 가치 있게 여기게 되었을 거고.

하지만 관찰한 내용을 기록으로 남기지 않고 머릿속으로만 생각하고 끝낸다면, 네가 애써 알게 된 것들도 시간이 흘러 사라지게 되겠지?

먼 미래에도 네가 관찰하고 알게 된 사실을 잊지 않으려면 관찰 일기를 써야 해. 관찰 일기 속에는 네가 왜 관찰을 시작하게 되었는지, 무엇을 어떻게 관찰했는지, 관찰을 통해 무엇을 느끼고 알게 되었는지 자세히 기록되어 있을 테니까. 관찰 내용을 기억해 뒀다가 나중에 똑같은 대상을 관찰하게 된다면 새로운 면을 발견할 수도 있을 거야.

그런데 막상 관찰 일기를 쓰려니 조금 막막하니? 어떻게 시작해서 어떻게 끝맺을지 갈피를 잡기 힘들 거야. 걱정하지 마. 내가 네 옆에 있으니까. 지금부터 관찰 일기를 쓰는 쉬운 순서에 대해 살짝 알려 줄게.

지난번에 수박을 관찰했던 것 기억나니? 그때를 생각하며 관찰 일기 쓰는 순서를 익혀 보자.

1. 먼저 제목을 정하자.

제목이 있으면 그날의 관찰 일기가 무엇을 이야기하려는 건지 한눈에 알아볼 수 있어서 좋아. 수박을 관찰한 일기의 제목은 뭐라고 하면 좋을까?

제목: 겉과 속이 다른 수박

2. 왜 관찰하게 되었는지 이유를 쓰자.

관찰 일기를 쓸 때, 관찰하게 된 이유를 써 보는 게 좋아. 관찰한 것을 정리하는 것보다 이유를 쓰는 것이 더 쉽고, 이유를 쓰다 보면 관찰한 내용 중에 무얼 더 중요하게 표현해야 할지 알게 될 수도 있거든.

오늘 저녁에 수박을 먹었다. 아빠가 수박을 냉장고에서 꺼내서 자르려고 하는데, 수박이 참 맛있게 생겼다고 느꼈다. 갑자기 수박이 왜 맛있게 느껴지는지 궁금했다. 그래서 수박을 자세히 관찰해 보기로 했다.

---

3. 관찰한 순서대로 쓰자.

제목이 정해졌으면, 이제 수박을 관찰한 내용을 떠올려 볼까?

먼저 겉모양을 관찰한 것부터 쓰는 거야. 겉모양은 모양, 색깔, 무늬 같은 것을 말하는 거야. 겉모양에 대해 썼으면, 그다음엔 촉감이나 냄새에 대해 쓰는 거지. 촉감이란 손으로 만졌을 때의 감촉을 말하는 거야. 만졌을 때 딱딱했는지, 매끄러웠는지, 울퉁불퉁했는지 등을 쓰는 거야. 촉감이나 냄새 다음에는 이제 속에 대해 써야겠지? 수박을 자른 뒤에 자세히 관찰해 보고 쓰는 거야.

수박은 무척 둥그렇다. 줄무늬는 구불구불하고 검은색 줄무늬와 초록색 줄무늬가 번갈아 나 있다.

만져 보니 무척 단단하고 매끈매끈했다. 코를 대고 냄새를 맡았는데, 풀 냄새 같은 것이 났다.

아빠가 수박을 반으로 잘랐다. 수박 속은 무척 빨간데, 껍질 부분은 흰색이었다. 씨앗이 여러 개 보였는데, 어떤 것은 검은색이었고 어떤 것은 흰색이었다. 수박 속을 조금 잘라서 맛을 보니, 빨간 부분은 달고 흰 부분은 밍밍했다.

4. 관찰한 결과, 무언가를 느끼거나 알게 되었다면 그 점을 써 보자.

수박을 관찰했더니 무엇을 느끼게 되었니?

"뭘 느꼈냐고? 그냥 수박이 수박이라는 걸 관찰한 건데 뭘 느꼈냐고 한다면……. 아, 뭐라고 써야 하지?"

벌써 머리카락을 잡고 괴로워하는 건 아니지? 이때 느낀 점이 단순해도 괜찮아. 예를 들면 이렇게 말이야.

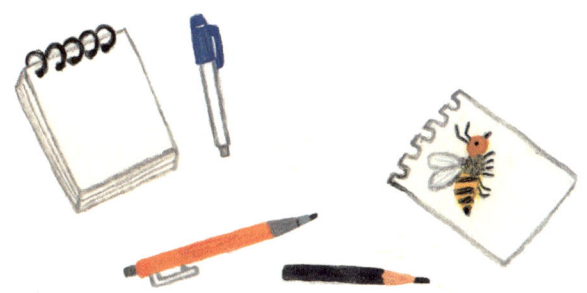

> 우리 집 수박은 반으로 잘랐을 때, 수박 속이 엄청나게 빨개서 맛있을 줄 알았는데, 먹어 보니 별로 달지 않았다. 수박은 속이 아무리 빨개도 맛이 없을 수 있다는 것을 깨달았다.

어때? 대단하지 않지? 하지만 이렇게 네가 관찰해서 새로이 느끼거나 알게 된 점을 일기에 쓰다 보면 너의 머릿속에 크고 작은 수많은 정보들이 차곡차곡 쌓일 거야. 이 정보들은 물론 모두 네가 직접 관찰해서 알게 된 정보들이지.

관찰 일기 쓰는 방법

관찰한 순서대로 쓰는 것이 좋아.

관찰한 내용을 어떻게 써야 할지 걱정하지 마. 네가 처음에 무엇을 보았는지 떠올리고, 그것부터 쓰기 시작하는 거야. 그러면 다음, 다음, 또 다음에 본 것들이 하나씩 떠오를 거야. 너는 그냥 떠오른 것을 차례대로 쓰면 돼. 어때? 쉽지?

제목을 쓰면 시간이 지나도 무엇을 관찰한 일기인지 금방 알 수 있어.

제목을 꼭 써 줘. 그래야 시간이 지나 네가 쓴 관찰 일기를 다시 들춰 볼 때, 무엇을 기록한 것인지 금방 알 수 있을 테니까. 아! 이건 너한테만 알려 주는 비밀인데, 관찰 일기 제목을 쓸 때는 네가 무엇을 관찰했는지 조금 자세하게 써 주는 게 좋아. '방울토마토 씨앗'이라고 쓰기보다는 '방울토마토 씨앗 키우기'라고 쓰면, 네가 단순히 씨앗을 관찰한 것이 아니라 씨앗을 심어서 자라는 모습까지 관찰했다는 것을 금방 알 수 있겠지?

마지막에는 꼭 알게 된 사실이나 느낀 점을 쓰도록 하자.

관찰을 했다고 해서 꼭 새로운 사실을 알게 되는 것은 아니야. 그렇다고 해서 고민할 필요는 없어. 네가 무엇을 느꼈는지에 따라 관찰 대상이 새롭게 보일 테니까.

상상력은 넣어 둬

일기를 쓸 때, 너는 네가 생각한 것들을 이것저것 썼을 거야. 그런 글 속에는 네가 미루어 짐작하거나 상상한 부분도 있겠지.

날짜: 20○○년 ○월 ○일 ○요일

제목: 나비는 어디로 갈까?

예쁜 흰나비를 보았다. 나비는 봄에 잠깐 보였다가 여름이 되면 거의 보이지 않는다.
나비들은 전부 어디로 가는 걸까? 멀리 하늘나라로 가서 예쁜 날개를 활짝 펴고 춤을 추나 보다.

어떤 친구가 흰나비를 본 날 쓴 일기야. 어때? 관찰 일기 같니? 일기를 쓴 친구는 흰나비를 본 일을 일기에 기록했지만, 흰나비를 관찰한 내용을 쓴 것이 아니라 흰나비가 사라지면 어디로 갈지 상상한 내용을 기록했어.

이런 내용은 보통 일기에서는 충분히 쓸 만한 내용이지만, 관찰 일기에서는 조금 곤란한 내용이야. 관찰 일기를 쓸 때는 상상력은 넣어 둬야 해.

지금부터 중요한 것을 알려 줄 테니 잘 들어야 해! 관찰 일기는 사실만 써야 한다는 중요한 원칙이 있어. 네가 눈으로 보고 확인한 사실만 정확하게 기록하는 거야.

만일 흰나비를 봤다면, 흰나비를 어디에서 보았는지, 어떻게 생겼는지, 어떻게 날고 있고 어디로 갔는지 등 관찰한 내용만 쓰는 거야.

이때 필요한 것이 자세한 설명과 생생한 묘사야. 설명이란 보거나 들은 것을 그대로 쓴 것이고, 묘사란 어떤 것을 그림처럼 눈에 보일 듯 표현하는 거야.

이렇게 들으니까 아리송하지? 걱정하지 마. 네가 확실하게

설명과 묘사를 구분할 수 있도록 예를 들어 볼게.

1. 흰나비를 설명해 보자. : 흰나비의 날개는 흰색이다.
2. 흰나비를 묘사해 보자. : 흰나비의 날개는 마치 눈처럼 흰색이다.

어때? 설명보다 묘사가 좀 더 생생하지? 그렇다고 설명보다 묘사가 관찰 일기에 더 필요하다는 건 아니야. 때로는 설명이 필요할 때가 있고, 때로는 묘사가 필요할 때가 있거든.

네가 무엇을 관찰하고 기록하느냐에 따라 설명과 묘사를 적절하게 섞어서 쓰게 될 거야. 여기서 중요한 건, 설명이든 묘사든 상상력이 필요하지 않다는 거야. 다시 한번 말하지만, 흰나비가 하늘나라에서 춤을 출 거라는 상상은 네가 관찰 일기를 쓸 때는 잠시 넣어 둬야 해.

그럼 상상하지 않고 정확하게 설명하고 묘사하려면 어떻게 해야 할까? 대강 쓰기보다는 정확하게 써야 해.

방금 한 말의 의미를 알겠니? 다음 예를 본다면 대강 쓰는 것과 정확하게 쓰는 것의 차이를 알 수 있을 거야.

대강 쓰기	수박이 정말 무거웠다.
정확하게 쓰기	수박이 무겁게 느껴졌다. 무게를 재 보니 5킬로그램이었다.

어때? 둘 중에 뭐가 더 정확하게 관찰하고 기록한 것인지 알겠니? '무거웠다'나 '무겁게 느껴졌다'는 것은 사실 정확한 설명이나 묘사는 아니야. 하지만 여기에 실제 무게를 잰 기록을 추가한다면 그건 정확한 관찰 일기가 되는 거야.

큰 놈은 길이가 3미터 남짓이고 통은 두 뼘 정도이다.

정약전은 돗돔을 관찰하고 기록할 때, 크기를 정확하게 재서 기록했어. 그 외에 자신이 상상한 것은 쓰지 않았지. 그래서 지금 우리가 읽어도 돗돔의 크기를 정확하게 알 수 있는 거야.

3미터가 넘는 물고기라니! 정말 거대하지? 만일 정약전이 "와! 이거 진짜 엄청나게 큰 물고기인데!"라고 놀란 것을 그대로 기록했다면 어땠을까?

누군가는 돗돔이 50센티미터 정도 되나 보다 생각할 수도 있고, 누군가는 10미터 정도는 되나 보다 하고 생각할 수 있지. 엄청나게 크다는 기준은 사람마다 다르기 때문이야. 그렇다면 모두에게 똑같은 정보를 전달할 수 없겠지? 그래서 관찰 일기를 쓸 때는 정확한 사실만 쓰는 것이 중요해.

관찰 일기를 쓸 때 주의할 점

오로지 관찰한 대로만 쓰자.
관찰에는 짐작이라는 것이 필요하지 않아. 겉으로 보기에 수박이 크니까 들어 보지 않아도 엄청나게 무거울 것이라고 상상해서 그렇게 쓰면 곤란하다는 뜻이야. 네가 수박 무게를 쓰고 싶다면 실제로 수박을 들어 봐야 해.

상상력은 관찰 일기에서는 필요하지 않기 때문에 넣어 두자.
어느 날, 갑자기 뜬 무지개를 보고 '야호! 무지개다! 저 무지개 끝에는 보물이 묻혀 있을지도 몰라. 오늘 저녁에는 무지개 관찰 일기를 써야지!'라고 생각했다면, 보물이 묻혀 있다는 내용은 관찰 일기에 쓰지 말아 줘. 그건 순전히 네 상상력에서 나온 생각이고, 사실을 확인하지 않은 부분이니까. 하지만 만일 무지개 끝에 보물이 묻혀 있다는 내용이 옛날부터 전해 내려온 전설이라면, 그런 부분은 훌륭한 정보로 관찰 일기에 들어가도 좋겠지?

자료를 찾아볼까?

"자료를 찾으라니? 관찰하는 것도 힘든데, 이게 갑자기 무슨 황당한 말이지?"

지금 깜짝 놀라서 나를 노려보고 있는 건 아니지? 자자, 마음을 가라앉히고 내가 하는 말을 좀 들어 봐.

관찰 일기를 쓸 때 관찰한 부분만 적고 끝내는 것도 좋아. 네가 관찰을 통해 알게 된 사실이나 느낀 점을 쓰고 "오늘의 관찰 일기 끝!" 하고 개운하게 일기장을 덮을 수도 있겠지.

그런데 사실 내가 지금까지 말해 준 것보다 관찰 일기를 더욱 재미있게 쓸 수 있는 방법이 있어. 그건 바로 자료 조사야.

아! 잠깐 잠깐! 지금 귀찮고 짜증나서 책장을 덮으려고 했지? 조금만 더 참고 들어 봐. 왜 자료 조사가 관찰 일기 쓰기에 필요한지 말해 줄게.

껍질은 단단하고 모래 같다. 온몸이 기름 덩어리인데, 특히 간에 기름이 많다. 상어를 다룰 때는 보통 끓는 물을 먼저 부어 부드럽게 만든다. 그런 뒤에 문질러야 한다. 그러면 모래 같은 비늘이 저절로 벗겨진다. 간에서 기름을 짜내어 등잔 기름으로 사용한다.

정약전이 상어에 대해 관찰하고 쓴 글이야. 이 글에서 정약전이 실제로 관찰한 부분과 그렇지 않은 부분을 나누어 볼까? "간에서 기름을 짜내어 등잔 기름으로 사용한다."는 부분은 정약전이 관찰한 내용이라기보다는 알고 있던 지식을 써 놓은 것으로 보여.

상어 기름을 등잔 기름으로 쓸 수 있다는 것은 정약전이 아무리 상어를 꼼꼼히 관찰해도 알기 어려운 정보야. 아마 정약전은 섬사람들에게서 듣거나 동물 기름을 등잔 기름으로 사용한다는 이미 알고 있던 지식을 바탕으로 기록했을 거야.

상어의 생김새뿐만 아니라 상어 기름에 대한 정보까지 더해지니 내용이 더욱 풍부해지고, 사람들에게 유용한 글이 되었어.

정약전은 〈자산어보〉를 쓸 때, 섬사람들과 창대의 도움을 많이 받았어. 오늘날 스마트폰에서 정보를 얻는 것처럼 말이야.

그럼 이제 너도 자료를 찾아서 관찰 일기를 풍성하게 해 줄 정보를 넣어 봐. 네가 수박에 대해 관찰하고 열심히 기록했다면, 그다음엔 수박에 대한 자료를 찾아보는 거야.

수박 꽃이 어떻게 생겼는지 찾아보는 건 어때? 수박 열매가 언제 처음 열리는지 찾아보는 건? 수박이 어디에서 가장 많이 재배되는지 찾아보는 것도 재미있겠지?

지금 스마트폰이나 부모님의 도움을 받아서 수박에 대한 자료를 찾아봐. 네가 상상한 것보다 엄청나게 다양한 자료가 주르륵 나올 거야. 너는 그중에서 네가 관찰한 것에 딱 맞는다고 생각되는 것을 고르면 돼.

예를 들어 네가 수박의 맛에 대해 기록했다면 햇빛이나 비가 수박 맛에 어떤 영향을 끼치는지 찾아보는 거지.

그거 아니? 씨가 없는 수박도 있다는 거? 네가 수박의 씨앗에 대해 관찰하고 기록했다면, 씨 없는 수박에 대해 자료를 찾아서 써 보는 것도 재미있을 거야.

이렇게 자료를 찾으면 뭐가 좋을까? 답은 한 가지야! 자료가 쌓이다 보면, 넌 무엇이든 대답할 수 있는 척척박사가 될 거야! 정말이야!

자료 조사하는 이유

자료를 찾으면 새로운 정보를 얻을 수 있어.
관찰 일기는 네 관찰만으로도 충분히 쓸 수 있지만, 책이나 인터넷에서 찾은 정보까지 더한다면 관찰만으로 발견하지 못한 정보를 얻을 수 있어. 관찰 대상에 대해 더 깊이 들여다볼 수도 있을 거야.

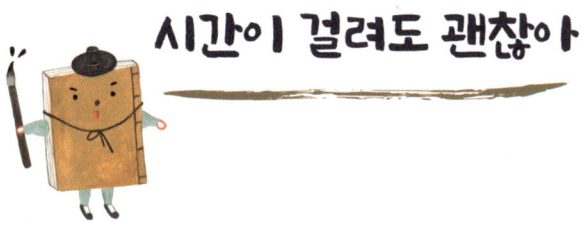

시간이 걸려도 괜찮아

 이제 관찰 일기를 쓰는 마지막 방법에 대해 말해 줄 때가 온 것 같아. 휴! 여기까지 잘 따라왔겠지?

 내가 말해 주고 싶은 마지막 방법은, 여유롭게 시간을 갖고 천천히 관찰하고 천천히 쓰라는 거야. 급하게 이루어지는 관찰이란 없어. 이건 사실이야. 관찰에는 지름길이 없거든. 시간이 걸려도 괜찮으니까 네가 관찰하기로 한 그 무언가를 하나씩 하나씩 꼼꼼하게 들여다봐야 해. 그러지 않으면 분명히 중요한 부분을 못 보고 지나치기도 하거든.

 혹시 강아지를 기르고 있니? 없다면 강아지를 기르고 있다고 상상해 보자. 물론 관찰 일기 쓰는 데 상상력은 필요 없지만, 지금은 관찰 일기를 쓰기 전이니까 강아지를 관찰하고 있다고 생각해 보는 거야.

어때? 머릿속에 강아지가 떠오르니? 그럼 그 강아지가 어떤 행동을 하고 있는지 관찰해 봐.

나는 털이 누런 강아지가 기지개를 켜고 있는 모습을 상상하고 있어. 앞다리를 먼저 쭉 펴더니 이어서 뒷다리를 쭉 펴고 있어. 발가락도 쫙 벌리는 게 보여. 빨리 저 모습을 기록해야겠다는 생각으로 제대로 관찰이 끝나기도 전에 일기장을 펼친다면

어떻게 될까?

앞다리를 펴고, 뒷다리를 편 것까지는 알겠는데, 그 뒤에는 어떤 행동을 했는지 도무지 알 수가 없을 거야. 하품을 했는지, 꼬리 모양은 어땠는지도 알 수 없지.

나는 '강아지의 기지개'라는 제목으로 관찰 일기를 쓰려고 했지만, 내가 관찰한 부분이 너무 적으면 쓸 내용이 많지가 않아.

하지만 좀 더 시간을 들여서 여유롭게 관찰한다면, 강아지 기지개에 대해 더 많은 정보를 쓸 수 있을 거야. 또 오늘, 내일, 모레 기지개를 어떻게 하는지 반복해서 관찰한다면 날마다 무엇이 같고 다른지도 알 수 있겠지?

이제 여유롭게 관찰하라는 말이 무슨 뜻인지 알겠니?

관찰은 하나씩 하나씩 꼼꼼하게! 또 시간이 지나면서 변하는 부분도 있으니, 그럴 때는 조금 더 여유롭게! 그러면 미처 알지 못했던 재미있는 사실도 알게 될 수 있어. 정약전이 오징어 먹물에 대해 알게 된 것처럼 말이야!

등에는 기다랗고 둥근 뼈가 있고, 살은 무척 연하다. 배 속에는 알과 먹물 주머니가 있다. 적이 공격하면 먹물을 내뿜어 주위를 흐리게 만든다.

오징어의 먹물로 글씨를 쓰면 매우 윤기가 난다. 다만 오래되면 종이에서 벗겨져 흔적조차 없어진다. 이것을 바닷물에 담그면 그 흔적이 살아난다고 한다.

오징어 먹물로 글씨를 쓰고 관찰하다니, 정말 재미있지? 오징어 먹물 글씨가 시간이 지나면 사라진다는 건, 오래 관찰하지 않으면 알기 어려웠을 거야.

너도 시간을 두고 관찰을 반복하다 보면 정약전처럼 신기한 체험을 할 수도 있어. 그때는 꼭 내게도 뭘 알게 됐는지 알려 줘야 해!

관찰하는 시간

꼼꼼한 관찰에는 시간이 필요해.
관찰은 대충이라는 말과 어울리지 않아. 관찰은 꼼꼼하게, 시간을 들여서 정성껏 해야 해. 그래야 이제껏 알아차리지 못했던 것들을 알 수 있으니까.

시간이 지나면서 생기는 변화를 관찰하는 것도 재미있어.
관찰 일기의 가장 마지막 도착점은 바로 변화를 알아차리고 그것을 기록하는 거야. 네가 관찰 일기를 쓰기 시작했다면, 나는 앞으로 네가 모든 것을 주의 깊게 관찰하고 변화를 눈치채는 멋진 관찰자가 될 때까지 응원할 거야!

내가 직접 쓰는 관찰 일기

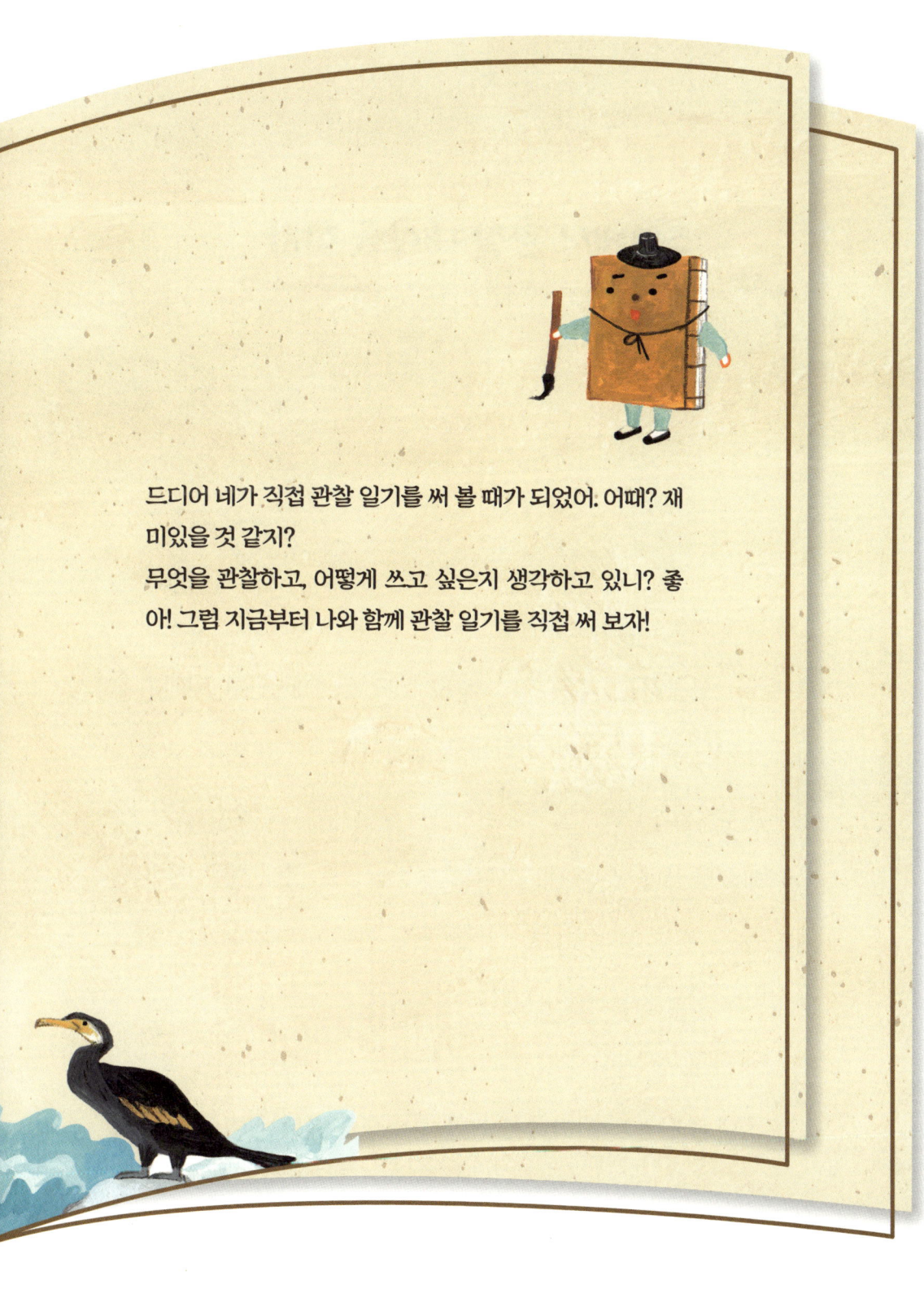

드디어 네가 직접 관찰 일기를 써 볼 때가 되었어. 어때? 재미있을 것 같지?
무엇을 관찰하고, 어떻게 쓰고 싶은지 생각하고 있니? 좋아! 그럼 지금부터 나와 함께 관찰 일기를 직접 써 보자!

주위에서 관찰 대상을 찾자

관찰 일기의 시작은 관찰할 대상을 정하는 거야. 뭘 관찰하고 싶니? 관찰하고 싶은 것이 많은 것도 좋지만, 관찰 일기가 처음이라면 되도록 우리 주위에서 쉽게 찾을 수 있는 것 중에 정하면 좋을 것 같아.

주변을 둘러봐. 지금 네 옆에 있는 물건으로 정해 보는 거야. 네가 보는 책도 될 수 있고, 자주 쓰는 연필이나 지우개도 될 수 있어. 익숙한 물건이라도 네가 자세히 관찰해 본다면 새로운 점이 눈에 띌 거야.

그럼 이제 관찰을 시작해서 관찰한 내용을 한번 적어 봐.

일시	년　　월　　일　　요일　　날씨			
관찰	관찰 장소		관찰인	
관찰 내용	제목:			
느낀 점				

그림이나 사진을 이용해 보자

관찰한 것을 기록할 때, 글로 표현하기 너무 어려울 때가 있어. 그럴 땐 그림으로 표현해 봐. 정확하게 그리려고 노력하는 게 중요해.

그림을 그리는 게 어렵다면 사진을 찍어서 붙이는 것도 좋은 방법이야. 그림이나 사진을 이용하면 글로 표현하는 것보다 더 쉽게 설명할 수도 있고, 관찰 일기의 보충 자료로 활용할 수도 있어.

한 친구의 관찰 일기를 보여 줄 테니까 너도 비슷한 관찰 일기를 만들어 봐.

일시	년 월 일 요일 날씨				
관찰	사마귀	관찰 장소	학원 가는 길	관찰인	
관찰 내용					
	제목: 풀색 사마귀				
	길을 가다가 화단에서 사마귀를 발견했다.				
	사마귀는 다리가 여섯 개였는데, 앞 두 다리는 팔처럼 들고 있었다. 또 삼각형처럼 생긴 머리도 사람처럼 들고 있었다.				
	연필을 꺼내 가까이에 놓고 보니 길이가 비슷해 보였다. 집에 와서 길이를 재 보니 7센티미터 정도 되었다.				
느낀 점	인터넷으로 자료를 찾아보니 사마귀는 다른 곤충을 잡아먹는다고 한다. 풀처럼 온몸이 녹색인 것이 신기했다.				

변화를 놓치지 말자

이번에는 시간이 오래 걸릴 수도 있는 관찰 일기를 써 보자. 시간이 지나면서 달라지는 것을 지켜보면서 말이야.

가장 대표적인 것이 바로 식물이야. 식물은 시간에 따라 여러 모습으로 변화해.

그런데 식물의 변화는 아주 천천히 일어나기 때문에 매일 변화를 기록하는 것보다는 눈에 띄게 달라진 부분이 생겼을 때 무엇이 달라졌는지 기록하는 게 좋아.

그럼 다른 친구의 관찰 일기를 보면서 너도 변화하는 대상을 찾아봐.

일시	년 월 일 요일 날씨				
관찰	방울토마토	관찰 장소	우리 집 베란다	관찰인	
관찰 내용	제목: 솟아난 방울토마토 새싹				
	방울토마토 씨앗을 화분에 심었다.				
	방울토마토 씨앗은 2미리미터 정도로 작고,				
	모양은 수박 씨앗처럼 한쪽은 뾰족하고 한쪽은 둥글었다.				
	햇빛이 잘 드는 곳에 화분을 두고 매일매일 지켜봤다.				
	아무 변화도 없다가 딱 열흘이 되었을 때 새싹 하나가 솟아올랐다.				
느낀 점	방울토마토 열매가 열리려면 얼마나 걸리는지 알아봐야겠다.				

메모를 이용하자

관찰 일기 쓰기의 마지막은 메모를 이용하는 거야. 관찰 일기를 쓸 때는 메모하는 습관을 들이는 것이 중요해. 관찰할 때마다 일기장을 펼쳐 기록하는 건 어려운 일이니까 말이야.

내가 관찰한 정보를 잊지 않으려면 간단하게 메모를 해야해. 연필과 작은 수첩, 혹은 메모지를 갖고 다니다가 관찰할 거리가 생기면 메모를 하는 거야.

그렇게 여러 개의 메모가 생기면 모아서 정리해 글을 써 봐. 그럼 훌륭한 관찰 일기가 만들어질 거야.

일시	년 월 일 요일 날씨			
관찰		관찰 장소		관찰인
관찰 내용	제목:			
느낀 점